Benedikt Iberl | Jörg Kinzig

Die Rolle der Schöffen bei Absprachen im Strafprozess

Ergebnisse einer Befragung von knapp 9.000 Laienrichtern

Nomos

Die Open-Access-Veröffentlichung dieses Titels wurde durch die Dachinitiative »Hochschule. digital Niedersachsen« des Landes Niedersachsen ermöglicht.

Die Deutsche Nationalbibliothek verzeichnet diese Publikation in der Deutschen Nationalbibliografie; detaillierte bibliografische Daten sind im Internet über http://dnb.d-nb.de abrufbar.

1. Auflage 2023

Publiziert von
Nomos Verlagsgesellschaft mbH & Co. KG
Waldseestraße 3–5 | 76530 Baden-Baden
www.nomos.de

Gesamtherstellung:
Nomos Verlagsgesellschaft mbH & Co. KG
Waldseestraße 3–5 | 76530 Baden-Baden

ISBN (Print): 978-3-7560-0632-8
ISBN (ePDF): 978-3-7489-4263-4

DOI: https://doi.org/10.5771/9783748942634

Onlineversion
Nomos eLibrary

Vorwort

Die vorliegende Untersuchung zur Rolle der Schöffen bei Absprachen im Strafprozess schließt thematisch an die im Jahr 2020 von Altenhain/Jahn/Kinzig publizierte empirische Studie mit dem Titel „Die Praxis der Verständigung im Strafprozess" an. Ohne die Bereitschaft aller 16 Landesjustizverwaltungen, dieses Vorhaben zu unterstützen, wäre die Befragung der Laienrichter nicht möglich gewesen. Insbesondere danken wir unseren zahlreichen Ansprechpartnern an den Oberlandesgerichten, Land- und Amtsgerichten der einzelnen Bundesländer, die die Kontaktierung der Schöffen ermöglicht und organisiert haben. Nur durch ihre tatkräftige Mithilfe konnte es gelingen, so viele ehrenamtliche Richter für die Teilnahme an der Untersuchung zu gewinnen.

Die Bereitschaft der Schöffen, unsere Fragen zu beantworten, wurde zudem durch Aufrufe von Herrn Rechtsanwalt Hasso Lieber, Staatssekretär a.D., und der Deutschen Vereinigung der Schöffinnen und Schöffen (DVS) unter der Leitung von Herrn Andreas Höhne und ihren Landesverbänden gefördert. Vielen Dank dafür!

Für die ebenso gründliche wie kritische Durchsicht der Arbeit im Vorfeld der Publikation bedanken wir uns zudem bei Herrn Prof. Dr. Matthias Jahn, mit dem wir bereits in dem vorangegangenen Forschungsprojekt zur Verständigung im Strafprozess gut und vertrauensvoll zusammenarbeiten durften.

Hilfreiche Rückmeldungen zu einer vorläufigen Version des Fragebogens hat zudem dankenswerterweise Herr Prof. Dr. Stefan Machura gegeben.

Zu guter Letzt sind diejenigen Personen hervorzuheben, die sich – sei es aus inhaltlichem Interesse, persönlichem Mitteilungsbedürfnis oder dem Wunsch, unser wissenschaftliches Vorhaben zu ermöglichen – die Zeit genommen haben, an unserer Befragung mitzuwirken: Die fast 9000 Schöffen, deren Erfahrungen und Eindrücke das Fundament der vorliegenden Arbeit bilden. Ihnen allen danken wir von Herzen für ihre bereitwillige Auskunft und Unterstützung!

Tübingen, März 2023
Benedikt Iberl und Jörg Kinzig

Inhaltsverzeichnis

Abbildungsverzeichnis

Tabellenverzeichnis

I. Einleitung

Verfahrensabsprachen[1] zwischen Richtern, Staatsanwälten und Verteidigern[2] gibt es an deutschen Gerichten schon seit langem. Genauso lange sind sie Gegenstand zahlreicher Debatten. Positiv gewendet, wird in einer Absprache eine Möglichkeit zu einer teilweise als dringend notwendig angesehenen Reduzierung des Arbeitsaufwands der beteiligten justiziellen Akteure gesehen. Andere befürchten dagegen eine Unterhöhlung des Rechtsstaats durch ein intransparentes „Geschacher" in den Hinterzimmern der Gerichte.[3] Gesetzlich geregelt wurde die sogenannte Verständigung durch das „Gesetz zur Regelung der Verständigung im Strafverfahren" erst im Jahr 2009.[4] Im Jahr 2013 wurde durch eine empirische Untersuchung von *Altenhain*, *Dietmeier* und *May* offenbar, dass die damals noch recht neuen

---

1 Der Begriff „Verständigung" bezeichnet in diesem Beitrag ausschließlich Vorgänge, die den gesetzlichen Vorgaben, insbesondere in § 257c StPO, entsprechen. Für Vorgänge „extra legem" wird der Begriff „informelle Absprache" verwendet. Der Terminus „Absprache" dient nachfolgend als Oberbegriff, der (formelle) Verständigungen wie auch informelle Absprachen einschließt.

2 Aufgrund der häufigen Nennung von Berufsrichterinnen und -richtern, Staatsanwältinnen und -anwälten, Verteidigerinnen und Verteidigern sowie von Schöffinnen und Schöffen wird zur Förderung des Leseflusses das generische Maskulinum verwendet. Dies schließt selbstverständlich alle Geschlechtsidentitäten mit ein.

3 Die Literatur zu den Absprachen oder Verständigungen im Strafverfahren ist mittlerweile unüberschaubar geworden. Siehe z. B. *Eschelbach* in: Graf StPO 4. Aufl. 2021, § 257c Rn. 1 ff., *Feichtlbauer*, Verständigung als Fremdkörper im deutschen Strafprozess?, 2021, 18 ff., *Gerson*, 7. Symposium Junger Strafrechtlerinnen und Strafrechtler – Verletzte im Strafrecht, 2020, S. 183 ff., *Göttgen*, Prozessökonomische Alternativen zur Verständigung im Strafverfahren, 2019, S. 16 ff., *Heger/Pest*, ZStW 126 (2014), S. 446, *Jahn* in: MüKo-StPO 2. Aufl. 2023, § 257c Rn. 1 ff., *Löffler*, Die Absprache im Strafprozess, 2010, S. 13 ff., *Moldenhauer/Wenske* in: KK-StPO 9. Aufl. 2023, § 257c Rn. 1 ff., *Ostendorf*, ZIS 2013, S. 172, *Papathanasiou*, ZStW 134 (2022), S. 242 (248), *Schöch*, Urteilsabsprachen in der Strafrechtspraxis, 2007, S. 5 ff., *Sebastian*, Die Strafprozessordnung im Lichte verfahrensbeendender Verständigung – Eine Gegenüberstellung von inquisitorischem Grundmodell und adversatorischen Elementen, 2014, S. 9 ff., *Stuckenberg* in: Löwe/Rosenberg StPO 27. Aufl. 2021, § 257c Rn. 1 ff. und *von Frankenberg*, Grundlagen konsensualer Konfliktlösungsprozesse – Eine empirische Analyse von Konsensbildungsprozessen in abgesprochenen Wirtschaftsstrafverfahren, 2013, S. 8 ff.; international zuletzt etwa *Langbein*, The American Journal of Comparative Law 2022, S. 139.

4 BGBl. I 2009, S. 2353.

Vorschriften nicht von allen justiziellen Akteuren in der Praxis befolgt werden – noch immer beteiligten sich zahlreiche Richter, Staatsanwälte und Verteidiger an „informellen Absprachen“ und missachteten dadurch die gerade eingeführten Regelungen zur Verständigung.[5] Deswegen war es nicht verwunderlich, dass das Bundesverfassungsgericht im gleichen Jahr befand, dass das Verständigungsgesetz zwar prinzipiell verfassungskonform sei, es den Gesetzgeber aber fortan dazu verpflichtete, die Einhaltung der entsprechenden Regelungen regelmäßig zu kontrollieren.[6]

Um dieser Pflicht nachzukommen, vergab das damalige „Bundesministerium der Justiz und für Verbraucherschutz“ einige Jahre später einen Gutachtenauftrag an Forschungsgruppen der Universitäten Düsseldorf, Frankfurt am Main und Tübingen. Der Forschungsverbund befasste sich seit dem Jahr 2018 unter anderem mit der Frage, ob in der strafprozessualen Praxis noch immer informelle Absprachen getroffen werden. Zwei Jahre später stand aufgrund einer auf verschiedenen Modulen basierenden empirischen Erhebung fest: Auch nach dem Urteil des Bundesverfassungsgerichts sind informelle Absprachen – und damit regelmäßige Gesetzesverstöße der justiziellen Akteure – keine Seltenheit.[7] Das Bundesjustizministerium ließ als Reaktion auf diese Untersuchung verlauten, man wolle vor dem Hintergrund der Studie nun „prüfen, ob weitere gesetzliche Regelungen erforderlich sind, um Defiziten in der gerichtlichen Verständigungspraxis wirksam zu begegnen“.[8] Nach der Bundestagswahl im September 2021 kündigte die neue „Ampelkoalition“ im Koalitionsvertrag an, die Verständigung im Strafverfahren (neu) „regeln“ zu wollen.[9] Zum Stand dieser Veröffentlichung ist noch nicht bekannt, ob eine solche Überarbeitung oder Neuregelung der Normen zur Verständigung erfolgen und wie diese gegebenenfalls aussehen wird.

Die zentralen Regelungen der Verständigung im Strafprozess finden sich in § 257c StPO. Dort wird zunächst festgelegt, dass sich das Gericht „in geeigneten Fällen mit den Verfahrensbeteiligten“ über den Ablauf und „das

5 *Altenhain/Dietmeier/May*, Die Praxis der Absprachen in Strafverfahren, 2013, S. 181.

6 BVerfGE 133, 168.

7 *Altenhain/Jahn/Kinzig*, Die Praxis der Verständigung im Strafprozess – Eine Evaluation der Vorschriften des Gesetzes zur Regelung der Verständigung im Strafverfahren vom 29. Juli 2009, 2020, S. 530 ff.

8 *BMJV*, https://www.bmj.de/SharedDocs/Artikel/DE/2020/110420_Evaluation_Verstaendigung.html, 2020 (abgerufen am 17.3.2023).

9 *SPD/Bündnis 90 Die Grünen/FDP*, Koalitionsvertrag 2021, 2021, S. 106.

Ergebnis des Verfahrens verständigen" kann.[10] Eine Verständigung darf allerdings nicht der Wahrheitsfindung entgegenstehen – § 244 Abs. 2 StPO gilt unabhängig davon, ob eine Verständigung erfolgt oder nicht.[11] Seitens des Gesetzgebers ist ein Geständnis als festes Element jeder Verständigung angedacht, jedoch nicht verpflichtend.[12] Ausdrücklich verboten sind Verständigungen über den Schuldspruch und über Maßregeln der Besserung und Sicherung.[13] Die Rechtsfolgen, der Inhalt des Urteils und zugehörige Beschlüsse, „sonstige verfahrensbezogene Maßnahmen im zugrundeliegenden Erkenntnisverfahren" sowie das Prozessverhalten des Angeklagten und anderer Beteiligter sind dagegen zulässige Inhalte einer Verständigung.[14] Das Gericht kann außerdem einen Strafrahmen („Ober- und Untergrenze") in Aussicht stellen – im Umkehrschluss ist die Einigung auf eine genaue „Punktstrafe" tabu.[15] Hinsichtlich des Ablaufs der Verständigung ist vorgesehen, dass das Gericht die Verständigungsinhalte vorschlägt[16] und dass es zu einer Einigung kommen kann, wenn Angeklagter und Staatsanwaltschaft dem durch das Gericht vorgeschlagenen Strafrahmen zustimmen.[17] Eine Verständigung kann scheitern, wenn im Laufe des Verfahrens nachträgliche, relevante Umstände zu Tage treten, die dem vorgesehenen Strafrahmen widersprechen.[18] Ebenso „entfällt die Bindung des Gerichts an die Verständigung",[19] wenn das „weitere Prozessverhalten des Angeklagten" der bisherigen Verhaltensprognose des Gerichts widerspricht.[20] Ein etwaiges Geständnis des Angeklagten darf nach dem Scheitern einer Verständigung nicht verwertet werden.[21] Flankierend ist auch das Verbot des Rechtsmittelverzichts nach vorausgegangener Verständigung gemäß § 302 Abs. 1 S. 2 StPO für die Praxis der Verständigung von Bedeutung.

Zur normativen wie empirischen Realität der Absprachepraxis gehört auch die Beteiligung der Schöffen. Deren Rolle konnte in dem zuvor genannten Forschungsprojekt von *Altenhain*, *Jahn* und *Kinzig* nicht berück-

10 § 257c Abs. 1 S. 1 StPO.
11 § 257c Abs. 1 S. 2 StPO.
12 § 257c Abs. 2 S. 2 StPO.
13 § 257c Abs. 2 S. 3 StPO.
14 § 257c Abs. 2 S. 1 StPO.
15 § 257c Abs. 3 S. 2 StPO.
16 § 257c Abs. 3 S. 1 StPO.
17 § 257c Abs. 3 S. 4 StPO.
18 § 257c Abs. 4 S. 1 StPO.
19 § 257c Abs. 4 S. 1 StPO.
20 § 257c Abs. 4 S. 2 StPO.
21 § 257c Abs. 4 S. 3 StPO.

sichtigt werden.[22] Auch Schöffen müssen bei Verständigungen nicht nur zugegen sein, sondern auch über deren Zustandekommen mit abstimmen – denn schließlich beziehen sich die entsprechenden Normen auf das Gericht als Spruchkörper, was die ehrenamtlichen Richter zweifelsohne einschließt.[23] Während bereits seit längerem kontrovers diskutiert wird, ob das Schöffenamt an sich noch zeitgemäß ist,[24] sehen manche Autoren in Absprachen eine besondere Gefahr für die Mitwirkungsmöglichkeiten der Laienrichter. Generell wird die Funktion, die den Schöffen bei Absprachen zuteilwird, nur selten thematisiert[25] und ist bislang nur spärlich erforscht.[26] Während größere rechtstatsächliche Erhebungen bisher gänzlich fehlen, existieren zu der genannten Thematik vereinzelte theoretische Veröffentlichungen und teilweise einschlägige empirische Untersuchungen. Nachfolgend sollen zunächst einige rechtsdogmatische Beiträge, dann einige der wenigen empirischen Erkenntnisse in Kürze zusammengefasst werden.

Mehrere Autoren sehen Absprachen (auch) insofern kritisch, als zu befürchten sei, dass an ihnen Schöffen in der Praxis nur unzureichend beteiligt werden könnten.

So sieht etwa *Fischer* die Gefahr, die Schöffen könnten dadurch „an den Rand gedrängt" werden.[27] Er fürchtet, dass ihnen durch die justiziellen Akteure „‚fertig ausgehandelte' Verfahrens-Drehbücher" vorgelegt werden, wodurch ihnen „faktisch die Möglichkeit genommen wird, deren Grundlagen selbst zu überprüfen".[28] Es sei fraglich, so *Fischer*, ob Laienrichter dann überhaupt „noch ‚gesetzliche Richter'" im Sinne des Grundgesetzes seien.[29]

---

22 Die Untersuchungsgegenstände waren durch das BMJV vorgegeben.

23 § 257c Abs. 1 S. 1 StPO. Siehe auch z. B. *Heger/Pest*, 2014, S. 446 (465), *Löffler*, 2010, S. 125, *Moldenhauer/Wenske* in: KK-StPO 9. Aufl. 2023, § 257c Rn. 5b, *Rönnau*, FS Schlothauer, 2018, S. 370 ff., *Stuckenberg* in: Löwe/Rosenberg StPO 27. Aufl. 2021, § 257c Rn. 51 und *von Frankenberg*, 2013, S. 25.

24 Siehe z. B. *Benz*, Zur Rolle der Laienrichter im Strafprozess, 1982, S. 109 ff., *Hillenkamp*, FS Kaiser II, 1998, S. 1438, Arbeitsgemeinschaft Strafrecht des Deutschen Anwaltvereins/*König*, 25 Jahre Arbeitsgemeinschaft Strafrecht des Deutschen Anwaltvereins, 2009, S. 629 ff., *Lilie*, FS Rieß, 2002, S. 315, *Ludewig/Angehrn-Guggenbühl*, Betrifft Justiz 2009, S. 32 (37), *Rönnau*, Rechtsstaatlicher Strafprozess und Bürgerrechte – Gedächtnisschrift für Edda Weßlau, 2016, S. 302 ff., *Rönnau*, 2018, S. 367, *Satzger*, Jura 2011, S. 518 (519 f.) und *Volk*, FS Dünnebier, 1982, S. 389.

25 *Rönnau*, 2018, S. 367.

26 *Rönnau*, 2018, S. 372.

27 *Fischer* StGB 70. Aufl. 2023, § 46 Rn. 112.

28 *Fischer* StGB 69. Aufl. 2022, § 46 Rn. 112. In der 70. Aufl. 2023 fehlt diese Passage.

29 Ebd.

Paeffgen bemängelt in Bezug auf das „Deal-Gesetz“[30] die „erbärmliche Rolle der Laienrichter“.[31] Diese würden „endgültig und offiziell“ in „die Funktion der dekorativen, aber marginalisierbaren ‚Gerichtsbeischläfer‘“ gedrängt.[32]

Auch *Eschelbach* erachtet die Verständigung in Hinblick auf die „Relativierung der Mitwirkungsmöglichkeiten der an den Erörterungen außerhalb der Hauptverhandlung nicht beteiligten Schöffen“ für bedenklich.[33] Ob „die förmlichen Hinweise und informellen Instruktionen im Beratungszimmer“ ausreichend seien, um die Schöffen hinreichend über die Verfahrensgrundlagen zu informieren, so *Eschelbach*, müsse „weiter bezweifelt werden“.[34]

Rönnau äußert ähnliche Bedenken, die bereits im Titel seines Festschriftbeitrags, „Der Schöffe als ‚Marionette‘ im Verständigungsverfahren“, zum Ausdruck kommen.[35] Er vermutet ebenso wie andere Autoren, dass die für Absprachen relevanten „Erörterungsgespräche“ meist außerhalb der Hauptverhandlung ohne die Schöffen stattfänden.[36] Mangels substanzieller Informationen über das Verfahren seien die Schöffen von den gefilterten Berichten der Berufsrichter abhängig; der mit Absprachen einhergehende „Funktionsverlust der Hauptverhandlung“ führe dadurch auch zum „Funktionsverlust des Schöffenamtes“.[37] Diese Entwicklung drohe gar, den Grundsatz der freien richterlichen Beweiswürdigung in § 261 StPO zu untergraben.[38] Als mögliche Lösung dieser Problematik schlägt *Rönnau* vor, den Schöffen durch ausführlichere Informationen über die Verfahren eine bessere Entscheidungsgrundlage über vorgeschlagene Absprachen an die Hand zu geben.[39]

König befürchtet, dass Schöffen durch die Berufsrichter zum „Abnicken“ von Absprachen gedrängt werden könnten, obwohl ihnen für eine solche

---

30 Genauer: In Bezug auf die Erörterung des Verfahrensstands nach § 202a StPO, in deren Zuge eine Verständigung anvisiert werden darf, die Schöffen aber nicht beteiligt werden müssen (siehe etwa *Paeffgen* in: SK-StPO 5. Aufl. 2018, § 202a Rn. 31 und *Schneider* in: KK-StPO 9. Aufl. 2023, § 202a Rn. 1, Rn. 7).

31 *Paeffgen* in: SK-StPO 5. Aufl. 2018, § 202a Rn. 31a.

32 Ebd.

33 *Eschelbach* in: Graf StPO 4. Aufl. 2021, § 257c Rn. 58.1.

34 *Eschelbach* in: Graf StPO 4. Aufl. 2021, § 257c Rn. 21.1.

35 *Rönnau*, 2018, S. 367.

36 *Rönnau*, 2018, S. 373; siehe auch *Löffler*, 2010, S. 24 und *Ostendorf*, 2013, S. 172 (176).

37 *Rönnau*, 2018, S. 374, ähnlich *Altenhain/Hagemeier/Haimerl*, NStZ 2007, S. 71 (75).

38 *Rönnau*, 2018, S. 374.

39 *Rönnau*, 2018, S. 377 ff.

Entscheidung die Informationsgrundlage fehle.[40] Dies ist möglicherweise nicht unproblematisch – in solchen Fällen könnten die Schöffen als befangen gelten.[41]

Die empirischen Befunde, die Aufschluss über die Rolle der Schöffen bei Verfahrensabsprachen liefern können, sind bereits aufgrund ihrer begrenzten Anzahl als dürftig zu bewerten. Hinzu kommt, dass in den meisten der nachfolgend vorgestellten Studien das Thema „Verständigung im Strafverfahren" nur am Rande der jeweiligen Erhebung zur Sprache kam, die untersuchten Stichproben recht klein waren und/oder keine Schöffen befragt wurden. Einige der Arbeiten sind zudem älter als das Urteil des Bundesverfassungsgerichts aus dem Jahr 2013, manche sogar älter als das Verständigungsgesetz aus dem Jahr 2009. Dessen ungeachtet lassen sich aus den vorliegenden Untersuchungen erste wertvolle Erkenntnisse zu der hier interessierenden Thematik ableiten.

In einer größer angelegten Schöffenbefragung von *Machura* aus dem Jahr 2001 machten beispielsweise einige Schöffen Angaben zu absprachebezogenen Praktiken, obwohl entsprechende Fragen nicht im Mittelpunkt seiner Untersuchung standen. Dabei äußerten mehrere Schöffen Unmut darüber, dass sich die Berufsjuristen bisweilen unter Ausschluss der Laienrichter über den Verfahrensausgang berieten; manche Schöffen zweifelten sogar an der Rechtmäßigkeit dieser Vorgänge.[42] Einer der Befragten berichtete etwa, es störe ihn am meisten, wenn Richter, Staatsanwälte und Verteidiger „auf einmal während der Verhandlungspausen zum Fall" berieten, ohne die Schöffen zu beteiligen – dies komme aber nur bei bestimmten Richtern vor.[43] Andere Stimmen monierten, dass solche Absprachen „nicht erlaubt sein" sollten oder dass sie den Eindruck hätten, „bereits vor der Verhandlung" habe „offensichtlich […] Einvernehmen" zwischen den Berufsjuristen bestanden.[44]

Altenhain, *Hagemeier* und *Haimerl* befragten im Jahr 2005 142 Juristen aus Nordrhein-Westfalen, die schwerpunktmäßig im Wirtschaftsstrafrecht

---

40 *König*, 2009, S. 628.

41 Siehe *Eschelbach* in: Graf StPO 4. Aufl. 2021, § 257b Rn. 5: „Schöffen sind befangen, wenn sie sich auf ein Verfahren einlassen, dessen Prämissen in vorherigen Erörterungen sie nicht kennen und dessen Gegenstand ihnen auch sonst weitgehend vorenthalten wird."

42 *Machura*, Revue internationale de droit penal 2001a, S. 451 (461).

43 *Machura*, Fairness und Legitimität, 2001b, S. 202.

44 *Machura*, 2001b, S. 262.

aktiv waren, zur Absprachepraxis.[45] Auf die Frage, wie häufig Schöffen an Gesprächen zwischen den Verfahrensbeteiligten außerhalb der Hauptverhandlung beteiligt würden, antwortete nur rund ein Fünftel der Befragten, dass dies „typisch" sei. Als Grund für diese seltene Beteiligung wurde einerseits die Abwesenheit der Schöffen vor der Hauptverhandlung genannt. Andererseits attestierten die Befragten den Laienrichtern auch eine mangelnde Kompetenz.[46]

Bei einer Untersuchung von *Schöch* wenige Jahre später gaben immerhin 28 der 39 befragten Berufsrichter, Staatsanwälte und Verteidiger an, dass Schöffen regelmäßig zu Absprachen hinzugezogen würden.[47] Zudem äußerten einige Interviewpartner die Auffassung, es komme zu „Komplikationen", wenn Schöffen bei Absprachen zugegen seien; ein Richter gab etwa zu bedenken, Schöffen würden die Relevanz der Absprachen für die beteiligten Akteure nicht erkennen.[48] Aus den Antworten zweier weiterer Befragter wurde sogar eine Geringschätzung der Beteiligung der Laienrichter offenbar („Die Schöffen werden doch nur pro forma beteiligt, es wird vorher schon alles klar gemacht" bzw. „Die haben hinterher nur ‚abzunicken'").[49] Anhand dieser Aussagen lässt sich vermuten, dass die ehrenamtlichen Richter jedenfalls zum Zeitpunkt der genannten Befragungen Ende der 2000er Jahre häufig keinen besonderen Einfluss auf die getroffenen Absprachen besaßen, möglicherweise daran sogar gar nicht beteiligt wurden. Dieser Befund verwundert nicht. Denn schon ältere Untersuchungen konnten zeigen, dass der Einfluss der Schöffen auf das Ergebnis eines Strafverfahrens ganz allgemein begrenzt ist, also auch bei einer Urteilsfindung „ohne Absprache".[50] Einschlägigen Äußerungen jüngerer Publikationen zufolge scheint dies nach wie vor der Fall zu sein.[51]

In einer auch empirisch angelegten Dissertation, die nach Inkrafttreten des Verständigungsgesetzes erstellt und publiziert wurde, interviewte

45 *Altenhain/Hagemeier/Haimerl*, 2007, S. 71.
46 *Altenhain/Hagemeier/Haimerl*, 2007, S. 71 (75).
47 *Schöch*, 2007, S. 134.
48 *Schöch*, 2007, S. 135.
49 *Schöch*, 2007, S. 135.
50 Siehe *Casper/Zeisel*, Der Laienrichter im Strafprozess, 1979, S. 11, *Klausa*, Ehrenamtliche Richter: Ihre Auswahl und Funktion – empirisch untersucht, 1972, S. 76 und *Rennig*, Die Entscheidungsfindung durch Schöffen und Berufsrichter in rechtlicher und psychologischer Sicht, 1993, S. 558 ff.
51 Siehe z. B. *Lilie*, 2002, S. 308, *Roxin/Schünemann* Strafverfahrensrecht, 30. Aufl. 2022, 1. Kap. § 6 Rn. 17 und *Sebastian*, 2014, S. 34.

von Frankenberg insgesamt 28 justizielle Akteure zu Absprachen in Wirtschaftsstrafverfahren.[52] Auch in dieser Erhebung wurden Fragen berührt, die Aufschluss über die Rolle der Schöffen bei Absprachen geben können. So kam auch *von Frankenberg* zu dem Schluss, dass die für Absprachen zentralen Vorgespräche regelmäßig ohne Schöffen stattfänden.[53] Beim Zustandekommen einer Absprache hätten Schöffen dagegen schon ein Wörtchen mitzureden. In diesem Zusammenhang betonten die befragten Berufsjuristen, dass am Ende immer die Zustimmung der Schöffen benötigt werde und dass sämtliche zuvor getroffene Einigungen als vorläufig zu betrachten seien.[54] Dass Schöffen prinzipiell einen bedeutenden Einfluss auf Absprachen ausüben können, zeigt die Einzelfallschilderung eines Richters, nach der ein Schöffe seine Zustimmung zu einer Absprache so lange verwehrt habe, bis er Gelegenheit gehabt habe, die Verfahrensakten zu lesen.[55]

In einer im Jahr 2020 erschienenen Masterarbeit von *Schecker* wurden 19 Berufsrichter und 52 Schöffen mithilfe eines Online-Surveys hinsichtlich ihrer Erfahrungen und Ansichten zum Schöffenamt generell befragt.[56] Die Schöffen zeigten bei der Frage, ob sie an Entscheidungen außerhalb der Hauptverhandlungen beteiligt werden möchten oder nicht, durchaus ein heterogenes Bild – jeweils rund die Hälfte lehnte dies ab oder befürwortete es demgegenüber.[57] Einige Laienrichter gaben sogar an, dass ihr Vertrauen

52 *Von Frankenberg*, 2013, S. 79.

53 *Von Frankenberg*, 2013, S. 7, 135.

54 *Von Frankenberg*, 2013, S. 157, 162, 189.

55 *Von Frankenberg*, 2013, S. 146. *Anmerkung*: Das Recht der Schöffen auf Akteneinsicht ist umstritten und schon seit Jahrzehnten Gegenstand kontroverser Debatten (siehe z. B. bereits *Schäfer*, JR 1932, S. 196). Auch wenn sich mit der Zeit zunehmend die Ansicht durchgesetzt hat, dass Schöffen unter bestimmten Bedingungen Einsicht in die Akten gewährt werden kann, ist die Frage noch immer nicht eindeutig geklärt, siehe z. B. *Börner*, ZStW 122 (2010), S. 157 (181), *Hillenkamp*, 1998, S. 1443 ff., *Nowak*, JR 2006, S. 459, *Rönnau*, 2016, S. 299 ff., *Rönnau*, 2018, S. 368, *Sander* in: Löwe/Rosenberg StPO 27. Aufl. 2021, § 261 Rn. 33 ff., *Satzger*, 2011, S. 518 (523 f.), *Schmidt*, Das japanische Saiban'in System und das deutsche Schöffensystem, 2019, S. 52 ff. und *Terhorst*, MDR 1988, S. 809. Nach aktueller Rechtslage sind Schöffen zumindest nicht grundsätzlich befangen, wenn sie Teile der Akten kennen, siehe *Cirener* in: BeckOK-StPO 45. Ed. 1.10.2022, § 31 Rn. 3.1, *Goers* in: BeckOK-GVG 17. Ed. 15.11.2022, § 30 Rn. 3, *Schuster* in: MüKo-StPO 1. Aufl. 2018, § 30 GVG Rn. 8: Überlassung von Aktenteilen auf Wunsch; zur Entwicklung der nicht ganz klaren Rechtsprechung vgl. *Barthe* in: KK-StPO 9. Aufl. 2023, § 30 GVG Rn. 2; dezidiert ablehnend dagegen nach wie vor *Roxin/Schünemann* Strafverfahrensrecht, 30. Aufl. 2022, 1. Kap. § 6 Rn. 17 und 8. Kap. § 46 Rn. 6.

56 *Schecker*, Schöffen – ehrenamtliche Richter in der Strafgerichtsbarkeit, 2020, S. 51 ff.

57 *Schecker*, 2020, S. 56.

in die Justiz nach Ausübung des Ehrenamts nicht größer sei als zuvor; dies habe unter anderem daran gelegen, dass zu viele Absprachen getroffen würden.[58]

Wie bereits erwähnt, widmeten sich *Altenhain*, *Jahn* und *Kinzig* in der vom Bundesjustizministerium beauftragten Studie nur am Rande der Rolle der Schöffen bei Verständigungen oder informellen Absprachen. *Altenhain*, *Brandt* und *Herbst* führten in einem Modul dieses Forschungsprojekts leitfadengestützte Interviews mit Richtern, Staatsanwälten und Strafverteidigern.[59] Den Richtern wurde dabei die Frage gestellt, welche Verfahrensbeteiligte wie häufig an abspracheorientierten Gesprächen vor oder außerhalb der Hauptverhandlung teilnehmen. Von 128 Richtern am Amtsgericht erwähnten überhaupt nur zwölf die Schöffen, wobei die Hälfte davon angab, diese „immer" zu beteiligen, während die andere Hälfte behauptete, dies „nie" zu tun.[60] Die Richter am Landgericht erwähnten die Schöffen deutlich häufiger (87 von 129 Befragten), wobei sich eine ähnlich bipolare Antwortverteilung ergab.[61] Das bestätigt, dass Schöffen zumindest nicht regelmäßig und selbstverständlich derartigen Gesprächen außerhalb der Hauptverhandlung beiwohnen. Weiterführende Informationen zur Rolle der Schöffen im Kontext der Verfahrensabsprachen sind keinem der sechs Module des Forschungsprojekts von *Altenhain*, *Jahn* und *Kinzig* zu entnehmen.

Die Erkenntnisse des geschilderten sehr überschaubaren Forschungsstands lassen sich im Hinblick auf die Rolle der Schöffen bei Absprachen wie folgt zusammenfassen: Erstens scheinen die Schöffen an Gesprächen außerhalb der Hauptverhandlung in der Regel nicht beteiligt zu werden.[62] Dass die Schöffen zweitens ein Mitbestimmungsrecht in Bezug auf das Zustandekommen von Absprachen haben, scheint den meisten Berufsjuristen dagegen bewusst zu sein.[63] Drittens gibt es Schilderungen, nach denen Schöffen bisweilen Absprachen „abnicken", ohne hinreichend über das Verfahren informiert zu sein.[64] Das spricht dafür, dass nicht alle Schöffen von ihrem Mitbestimmungsrecht bei Absprachen Gebrauch

58 *Schecker*, 2020, S. 58.
59 *Altenhain/Brandt/Herbst* in: *Altenhain/Jahn/Kinzig*, 2020, S. 307 ff.
60 *Altenhain/Brandt/Herbst*, 2020, S. 350.
61 Ebd.
62 Siehe *Altenhain/Hagemeier/Haimerl*, 2007, S. 71 (75), *Altenhain/Brandt/Herbst*, 2020, S. 350, *Schöch*, 2007, S. 134 und *von Frankenberg*, 2013, S. 7, 135.
63 *Von Frankenberg*, 2013, S. 146, 157, 162, 189.
64 *Schöch*, 2007, S. 135.

machen. Auch die rechtsdogmatische Literatur geht mehrheitlich von einer eher passiven Rolle der Schöffen bei Verständigungen aus; dies wird als Gefahr identifiziert und eine Untergrabung der gesetzlich vorgesehenen Mitwirkung von Laienrichtern an der Urteilsfindung befürchtet.[65]

Bisher wurde – soweit ersichtlich – in Deutschland noch keine großflächige oder gar repräsentative Befragung von Schöffen durchgeführt, die die Rolle der ehrenamtlichen Richter bei Verfahrensabsprachen umfassend erforscht hätte. Somit existieren bis heute keine generalisierbaren Erkenntnisse darüber, wie die ehrenamtlichen Richter der Bundesrepublik Deutschland Absprachen erleben, wie oft sie an diesen beteiligt oder davon ausgeschlossen werden, wie oft sie Rechtsverstöße in der Verständigungspraxis beobachten, wie viel Einfluss sie auf Absprachen nehmen und wie gut sie über die Regelungen zur Verständigung im Bilde sind. Die hier vorgestellte Untersuchung soll primär diese Forschungslücke schließen; zusätzlich sollen allgemeine Erkenntnisse über das Schöffenamt aktualisiert bzw. generiert werden.

65 Siehe z. B. *Altenhain/Hagemeier/Haimerl*, 2007, S. 71 (75), *Eschelbach* in: Graf StPO 4. Aufl. 2021, § 257c Rn. 21.1, *Fischer* StGB 69. Aufl. 2022, § 46 Rn. 112, *König*, 2009, S. 628, *Paeffgen* in: SK-StPO 5. Aufl. 2018, § 202a Rn. 31 und *Rönnau*, 2018, S. 374.

II. Methodik

Das Ziel des hier vorgestellten Forschungsprojekts ist es, Meinungen und Erfahrungen der Schöffen über ihr Ehrenamt allgemein und die Praxis der Absprachen im Besonderen zu eruieren. Im Vordergrund steht dabei die Rolle der Laienrichter beim Zustandekommen dieser Absprachen. Damit sollen auch die Ergebnisse des vorangehenden Forschungsprojekts von *Altenhain*, *Jahn* und *Kinzig*, bei der Berufsrichter, Staatsanwälte und Strafverteidiger befragt wurden, um die Perspektive der Schöffen ergänzt werden. Schließlich soll die Untersuchung den Forschungsstand über das Schöffenamt im Allgemeinen aktualisieren und erweitern. Von zentralem Interesse sind dabei die Ansichten der ehrenamtlichen Richter über die Angemessenheit der Urteile in Strafverfahren sowie zu möglichen Verbesserungen für die Situation der Schöffen bei Gericht.

1. Erstellung eines Online-Fragebogens

Um diese Forschungsziele zu erreichen, führte das Forschungsteam des Tübinger Instituts für Kriminologie (IfK) eine umfassende, hauptsächlich quantitative Online-Befragung von Schöffen aller Art durch. Der dafür erforderliche Fragebogen wurde mithilfe der Software *LimeSurvey*[66] über einen universitätseigenen Webserver gehostet. Er bestand aus 30 größtenteils geschlossenen Fragen mit auswählbaren Antwortkategorien. Bei nahezu jeder geschlossenen Frage besaßen die Schöffen die Möglichkeit, eine ausweichende Antwortoption (z. B. „keine Angabe“ oder „weiß nicht“) auszuwählen. Damit ist eine höhere Datenqualität gewährleistet, da die Teilnehmer nicht zu falschen Angaben gedrängt werden, wenn sie eine Frage nicht beantworten können oder wollen. Bei mehreren Items wurden numerische Schätzwerte abgefragt, wobei eine ganze Zahl in ein entsprechendes Textfeld eingetragen werden sollte. Ergänzend zu den geschlossenen Fragen wurden einige halboffene Fragen bzw. Antwortoptionen angeboten (z. B. „Sonstiges, und zwar: ...“). Dadurch sollte etwaigen Problemen entgegengewirkt werden, falls die angebotenen Antwortkategorien die Erfahrungen

66 *LimeSurvey GmbH*, https://www.limesurvey.org/ (abgerufen am 17.3.2023).

der Teilnehmer nicht hinreichend widerspiegelten. So werden auch spezifische Facetten von Teilthemen beleuchtet, die bei Erstellung des Surveys so nicht bedacht worden waren. Außerdem wurden einige offene textbasierte Fragen gestellt. Die Schöffen konnten hierbei einen beliebig ausführlichen Text in ein entsprechendes Feld eingeben.

Die Anzahl der den Teilnehmern präsentierten Fragen variierte individuell: Durch den Einsatz von Filterfragen wurde keine Frage gestellt, die man nicht hätte beantworten können. Der Umfang des Fragebogens orientierte sich also auch an dem Erfahrungsschatz der Schöffen. Wenn beispielsweise in den Strafverfahren, für die ein Schöffe bislang eingeteilt wurde, seinem Eindruck nach keine Absprachen zu verzeichnen waren, wurden dem betreffenden Schöffen in der Folge auch keine detaillierten Fragen über seine Erfahrungen mit Absprachen gestellt. Der Survey unterteilte sich in die fünf Fragegruppen „Einleitende Fragen zu Ihrem Schöffenamt", „Fragen zu Ihren generellen Erfahrungen als Schöffe/Schöffin", „Einschätzung der Absprachepraxis gemäß Ihrer Erfahrung als Schöffe/Schöffin", „Ihr allgemeiner Eindruck vom Schöffenamt" und „Demographische Merkmale". Die Fragen zur Demographie wurden als letztes gestellt, damit auch Schöffen, die hierzu keine Angaben machen wollten, den Fragebogen möglichst ohne Bedenken beantworten konnten. Der besseren Übersicht wegen werden die demographischen Merkmale der Stichprobe trotzdem vor der Präsentation der übrigen Ergebnisse beschrieben.

2. Ablauf und Organisation der Befragung

Am 12.7.2021 versandte das IfK an alle 16 Landesjustizminister und -senatoren ein Anschreiben mit der Bitte um Unterstützung des Projekts. Erfreulicher- und dankenswerterweise stellte sich schnell heraus, dass jedes Landesjustizministerium dazu bereit war, die Befragung durch die Verteilung des Umfragelinks an die Schöffen zu fördern. Von Juli bis November 2021 erfolgte mit den meisten Bundesländern die individuelle Abstimmung der Organisation der Verteilung des Links. Hierfür wurden digitale Anschreiben vorbereitet, die den Link zur Umfrage enthielten. Als Alternative zu dieser Art der Verteilung wurden zudem Flyer gedruckt, auf denen neben dem Link auch ein QR-Code abgebildet war, der ebenfalls zur Befragung führte.

Die Ansprechpartner der Landesjustizverwaltungen oder Gerichte boten je nach Bundesland bzw. Gericht verschiedene Wege zur Kontaktierung der Schöffen an, wobei die konkreten Verteilungswege nicht bei jedem Bundesland in allen Details bekannt sind. In einigen (zumeist kleinen) Bundesländern lief die Kontaktaufnahme zentralisiert ab, also direkt über das Ministerium oder die Verwaltung eines Oberlandesgerichts (OLG), während in den meisten Bundesländern dezentrale Verteilungswege beschritten werden mussten. Vielerorts erfolgte zunächst die Weiterleitung des Anschreibens vom Justizministerium zu dem/den OLG/OLGs und von dort an die Landgerichte (LG) oder gar Amtsgerichte (AG), die dann ihrerseits die Schöffen benachrichtigten. Da die uns genannten Ansprechpartner meistens den jeweiligen Justizministerien oder OLGs angehörten, blieben Details der Linkverteilung auf niedrigerer organisatorischer Ebene bisweilen unbekannt. In einem Bundesland wurde von einer zentralen Steuerung der Kommunikation abgesehen, weshalb die Organisation in individueller und unmittelbarer Kooperation zwischen Vertretern einzelner Amts- bzw. Landgerichte und dem Projektteam erfolgte. Neben den Justizverwaltungen der Länder machten auch ehrenamtliche Schöffenvertreter freundlicherweise auf die Umfrage aufmerksam. So bewarb etwa der deutsche Schöffenverband *DVS* unter Leitung von *Andreas Höhne* die Umfrage auf Bundes- und Länderebene in diversen Newslettern. Daneben veröffentlichten die *DVS* und die *PariJus gGmbH* unter Leitung von *Hasso Lieber* Aufrufe zur Teilnahme in der *PariJus Depesche* und der Zeitschrift *Richter ohne Robe.*[67]

Am 25.11.2021 wurde den Ansprechpartnern der Justizverwaltungen und der *DVS* „grünes Licht" für den Start der Umfrage signalisiert; in den nächsten Tagen und Wochen begann in den meisten Bundesländern die Kontaktierung der Schöffen. Am 24.1.2022 wurden Erinnerungsschreiben an die Ansprechpartner derjenigen Länder versandt, aus denen bislang gar kein oder nur ein unerwartet geringer Rücklauf festzustellen war. Dies betraf die Bundesländer Berlin, Hessen, Mecklenburg-Vorpommern, Nordrhein-Westfalen, Sachsen-Anhalt, Schleswig-Holstein und Thüringen. Zur Bewertung des Rücklaufs wurden die prozentualen Anteile der Bevölkerung der Länder an der Gesamtbevölkerung der Bundesrepublik mit dem prozentualen Anteil der bisherigen Teilnehmer der Länder an der Umfrage verglichen. Unter der Annahme, dass Einwohner- und Schöffenzahl zumindest näherungsweise korrelieren, erschien dies als grobes Maß zur Bewertung des Rücklaufs geeignet.

67 *Richter ohne Robe*, Band 33 Heft 4, 2021, S. 122.

Zu diesem Zeitpunkt machten sich erste kleinere Probleme der Verteilungswege bemerkbar. In den meisten Bundesländern wurde das Anschreiben digital oder per Post versandt, die Flyer wurden nur von vereinzelten Gerichten angefordert. Wenn die Anschreiben postalisch zugestellt wurden, kam es bisweilen zu Problemen mit der Eingabe des Links. In diesen Fällen nutzten einige Schöffen die auf den Anschreiben abgedruckten Kontaktinformationen, um das Projektteam telefonisch oder per E-Mail auf das jeweilige Problem aufmerksam zu machen. Den entsprechenden Schöffen wurde daraufhin angeboten, ihre jeweilige E-Mail-Adresse zu nennen, sodass ihnen der Link zum Fragebogen nochmals direkt per E-Mail zur Verfügung gestellt werden konnte. Dieses Vorgehen ermöglichte – soweit bekannt – jeweils die Teilnahme an der Befragung. Die E-Mail-Adressen der Schöffen wurden im Anschluss gelöscht.

Rückblickend wäre es besser gewesen, den QR-Code nicht nur auf den Flyern, sondern auch in den Anschreiben zu platzieren. In diesem Fall wären bei einer postalischen Versendung des Anschreibens möglicherweise seltener Probleme bei einem etwaigen Abtippen des Links zur Umfrage aufgetreten – zumindest bei denjenigen Schöffen, die über ein Smartphone oder Tablet verfügten. Dabei ist davon auszugehen, dass sich nicht alle Schöffen mit Problemen beim Erreichen der Umfrageseite an die angegebenen Kontaktadressen gewandt haben. Somit hätte durch Abdruck des QR-Codes auf den Anschreiben vermutlich ein noch etwas höherer Rücklauf erzielt werden können.

Zudem zeigten sich an den Rückmeldungen einzelner Schöffen in einigen Fällen umständliche Verteilungswege. So wurde das Anschreiben manchen Schöffen zwar digital übermittelt; es war aber zuvor ausgedruckt und erneut eingescannt worden. Dementsprechend muss das digitale Anschreiben bei der Weiterleitung vom entsprechenden Justizministerium oder OLG über die LGs und/oder AGs bis zu den Schöffen mindestens einmal ausgedruckt und postalisch oder per Fax versendet, vom Empfänger eingescannt und den Schöffen anschließend per E-Mail zugestellt worden sein. Soweit bekannt, war es in diesen Fällen für die Empfänger nicht mehr möglich, durch einen Klick auf den enthaltenen Link direkt zur Umfrageseite zu gelangen. An einem Gericht wurde anstelle des Anschreibens für die Schöffen versehentlich der an den entsprechenden Justizminister adressierte Brief vom 12.7.2021 weitergeleitet. Dieser Fehler wurde jedoch umgehend korrigiert.

Trotz dieser Probleme bei der Organisation der Verteilung des Links wurde ein zufriedenstellender Rücklauf erzielt und die Umfrage am 11.4.2022 eingestellt. Damit war gleichzeitig die Phase der Datenerhebung beendet. Neben den erwähnten kleineren Komplikationen lief die Befragung im Übrigen reibungslos ab. Der chronologische Rücklauf nach Bundesland ist in den Abbildungen 1 bis 4 dargestellt. Die Abbildungen 1 und 2 zeigen die täglichen, die Abbildungen 3 und 4 die kumulierten Teilnehmerzahlen über die Zeit. In allen Abbildungen sind außerdem gestrichelte vertikale Linien eingezeichnet, die bei einigen Bundesländern den Versand der oben erwähnten Erinnerungsschreiben am 24.1.2022 markieren. Die Abbildungen 3 und 4 beinhalten darüber hinaus gestrichelte horizontale Linien, welche den erwarteten Anteil der Schöffen ausgehend von den Einwohnerzahlen der jeweiligen Bundesländer kennzeichnen.[68] Näherungsweise kann somit abgelesen werden, welche Bundesländer in der Befragung eher über- oder eher unterrepräsentiert sind.[69]

Vor allem in Bayern, Hamburg und Sachsen war nach diesen Maßstäben eine überdurchschnittliche Teilnahme zu verzeichnen. Aus Berlin, Mecklenburg-Vorpommern und Thüringen beteiligten sich trotz Erinnerungsschreiben nur vergleichsweise wenige Schöffen. Dagegen war dieser Form der Nachfrage in Hessen, Nordrhein-Westfalen, Sachsen-Anhalt und Schleswig-Holstein ein gewisser, teilweise sogar großer Erfolg beschieden.

---

68 Die Grundlage für die Berechnung der erwarteten Rückläufe bildeten die Einwohnerzahlen pro Bundesland. Diese wurden den Angaben des Statistischen Bundesamtes entnommen, siehe *Destatis*, Bevölkerung nach Nationalität und Bundesländern, 2022a, https://www.destatis.de/DE/Themen/Gesellschaft-Umwelt/Bevoelkerung/Bevoelkerungsstand/Tabellen/bevoelkerung-nichtdeutsch-laender.html (abgerufen am 17.3.2023). In *Lieber*, RohR 2020, S. 3 (7), ist die tatsächliche Verteilung der Schöffen nach Bundesländern dargestellt, allerdings nur für die Hauptschöffen. Diese Zahlen sind nicht öffentlich zugänglich, sondern wurden dem Autor vom Bundesamt für Justiz zur Verfügung gestellt (*Lieber*, 2020, S. 3). Die hier berechneten erwarteten Rückläufe stimmen gut mit der tatsächlichen Verteilung der Hauptschöffen auf die Länder überein. Tendenziell gibt es in einwohnerstarken Bundesländern etwas weniger und in Bundesländern mit weniger Einwohnern etwas mehr Hauptschöffen, als anhand der Einwohnerzahl zu erwarten wäre.

69 Wie bereits erwähnt, dienen diese Orientierungswerte nur als Anhaltspunkte für die Bewertung des Rücklaufs pro Bundesland. Zudem werden diese Werte durch den starken Rücklauf einzelner Bundesländer verzerrt: Unerwartet hohe Teilnahmezahlen einzelner Bundesländer erhöhen die Gesamtteilnehmerzahl, wodurch der prozentuale Anteil der Teilnehmer aus anderen Bundesländern abnimmt.

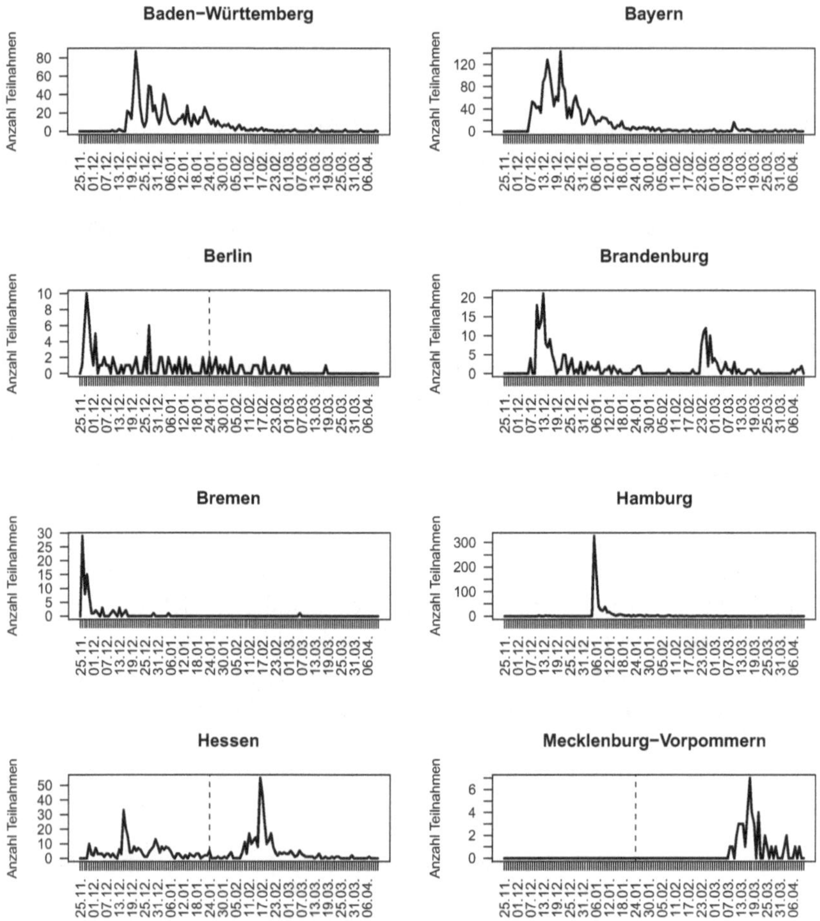

Abbildung 1. Tägliche Teilnahmezahlen an der Befragung für die Bundesländer Baden-Württemberg bis Mecklenburg-Vorpommern. Die gestrichelten vertikalen Linien repräsentieren den Versand eines Erinnerungsschreibens an einzelne Bundesländer.

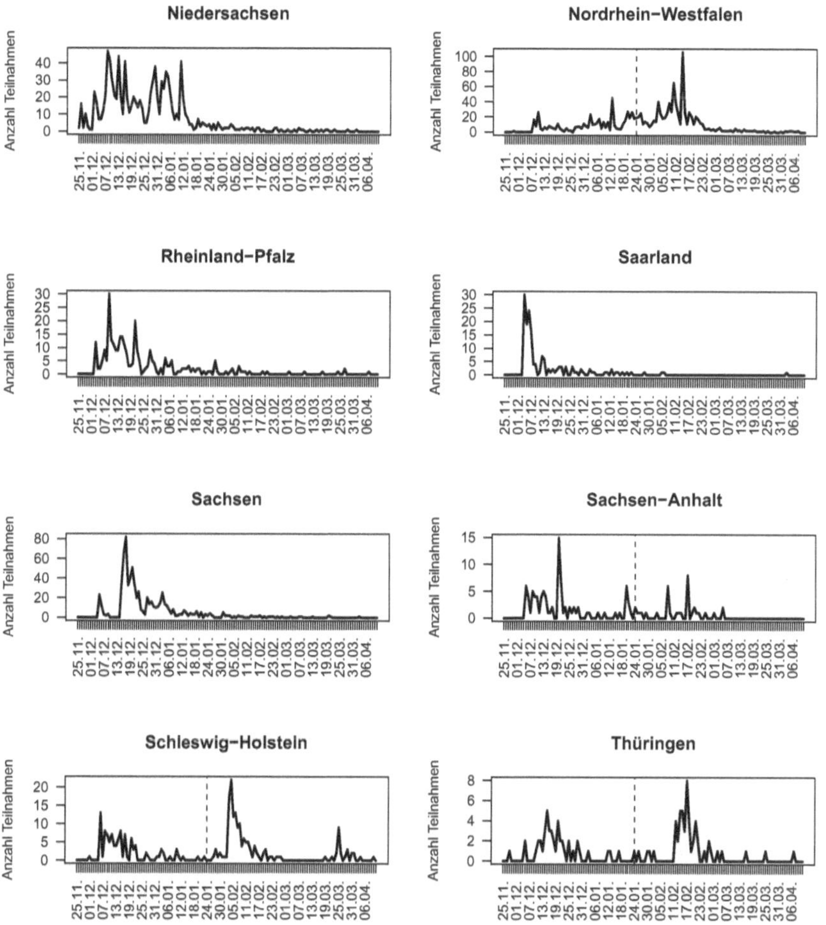

Abbildung 2. Tägliche Teilnahmezahlen an der Befragung für die Bundesländer Niedersachsen bis Thüringen. Die gestrichelten vertikalen Linien repräsentieren den Versand eines Erinnerungsschreibens an einzelne Bundesländer.

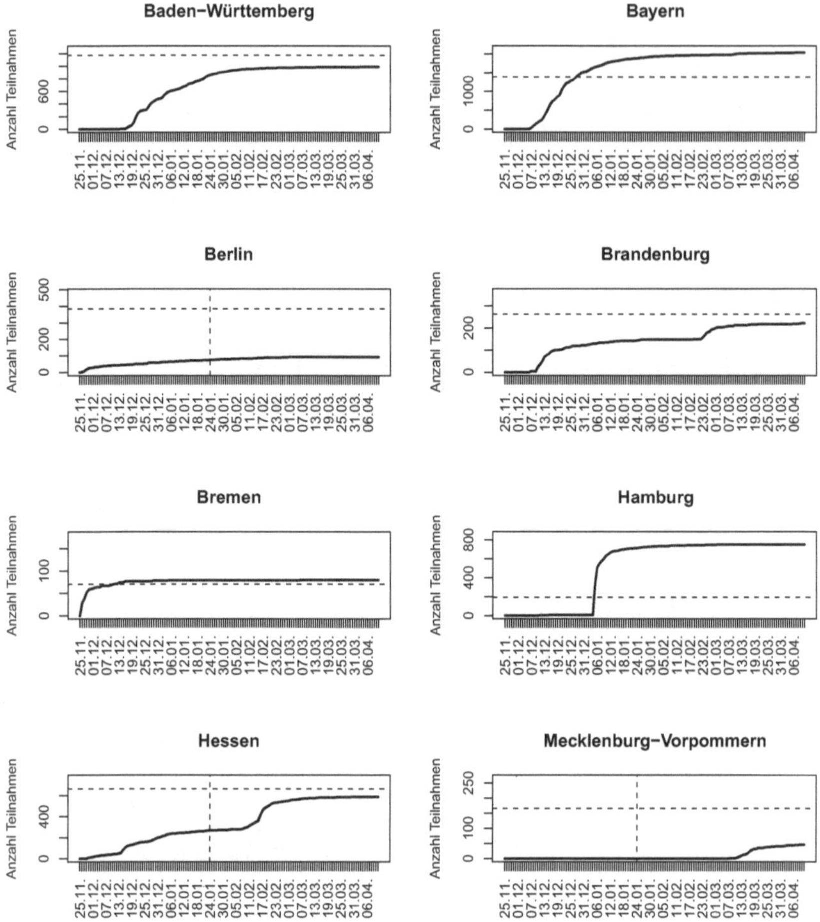

Abbildung 3. Kumulierte tägliche Teilnahmezahlen an der Befragung für die Bundesländer Baden-Württemberg bis Mecklenburg-Vorpommern. Die gestrichelten vertikalen Linien markieren den Versand eines Erinnerungsschreibens. Die gestrichelten horizontalen Linien zeigen den erwarteten Rücklauf pro Bundesland gemessen an der jeweiligen Einwohnerzahl.

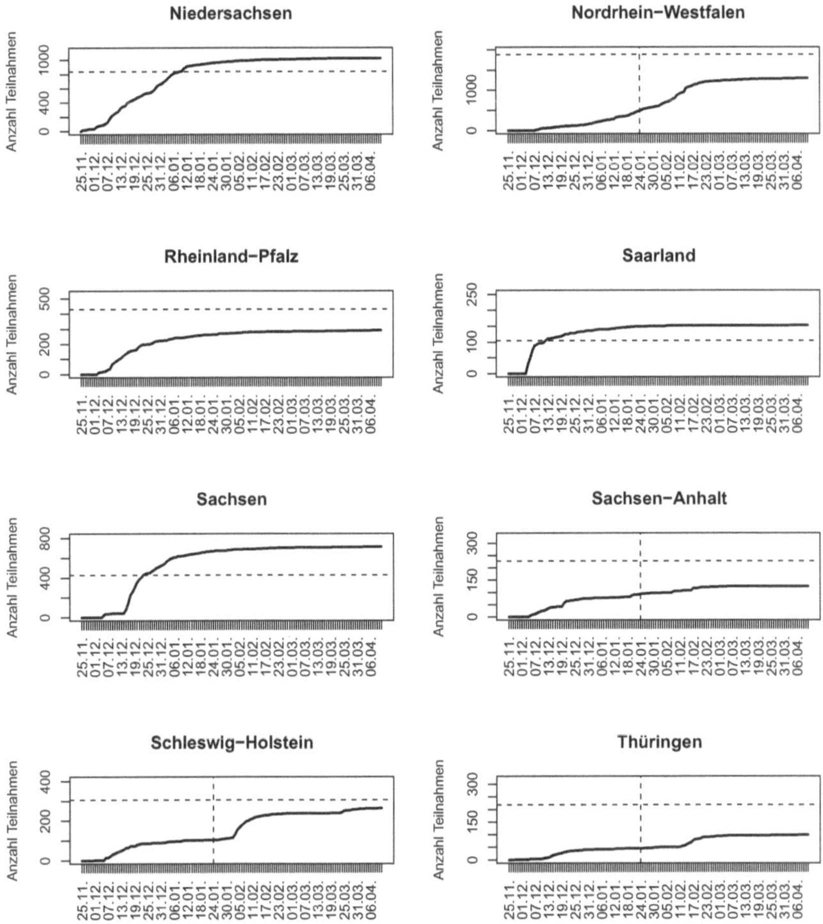

Abbildung 4. Kumulierte tägliche Teilnahmezahlen an der Befragung für die Bundesländer Niedersachsen bis Thüringen. Die gestrichelten vertikalen Linien markieren den Versand eines Erinnerungsschreibens. Die gestrichelten horizontalen Linien zeigen den erwarteten Rücklauf pro Bundesland gemessen an der jeweiligen Einwohnerzahl.

3. Beschreibung der Stichprobe

Insgesamt öffneten 9406 Schöffen die Umfrageseite. Davon beendeten 513 Personen den Fragebogen bereits auf der ersten Seite, ohne eine Antwort zu geben. Sie wurden deshalb nicht in die Auswertung einbezogen. Die Antworten von 44 Befragten, die angaben, letztmals vor dem Jahr 2014 das Schöffenamt ausgeübt zu haben, wurden mangels aktueller Erfahrungen ebenfalls nicht berücksichtigt. Zehn Personen gaben stellenweise unplausible Antworten,[70] weshalb auch deren Angaben ausgeklammert wurden. 26 Schöffen bearbeiteten den Fragebogen so schnell, dass sie die Instruktionen und Fragen wahrscheinlich nicht bewusst gelesen haben konnten (schneller als 500 Wörter pro Minute)[71]; deren Antworten wurden ebenso wenig ausgewertet. Weitere 54 Personen wurden nicht einbezogen, da sie bei einer Frage widersprüchliche Angaben machten und damit die Glaubhaftigkeit ihrer sonstigen Antworten in Zweifel gezogen werden kann.[72] Die übrigen 8759 Personen, von denen 7791 die Umfrage komplett bearbeiteten, bildeten die realisierte Stichprobe, die der Auswertung zugrunde lag.

Das arithmetische Mittel der Bearbeitungszeit dieser Personen beträgt 18 Minuten und 47 Sekunden. Allerdings wird dieser Wert von wenigen Teilnehmern mit sehr langen Bearbeitungszeiten verzerrt: 219 Befragte bearbeiteten die Umfrage länger als eine Stunde, eine Person benötigte sogar – vermutlich mit mindestens einer sehr langen Unterbrechung – eineinhalb Tage. Der Median als stabilerer Kennwert eignet sich also besser zur Beurteilung der mittleren Bearbeitungsdauer. Dieser liegt bei 13 Minuten und 51 Sekunden. Die Fragen ließen sich also, wie von vornherein beabsichtigt, mit einem für die Schöffen vertretbaren zeitlichen Aufwand beantworten.

---

70 Etwa weit überdurchschnittlich hohe Werte zur Anzahl der erlebten Strafverfahren (über 150) bzw. Absprachen (über 100).

71 Vgl. *Musch/Rösler* in: *Dresler*, Kognitive Leistungen – Intelligenz und mentale Fähigkeiten im Spiegel der Neurowissenschaften, 2011, S. 89 ff.

72 Bei Frage 3 wurde erörtert, wie die Schöffen erstmals zum Ehrenamt berufen wurden. Dabei standen die folgenden Antwortmöglichkeiten zur Auswahl: „Ich wollte das Schöffenamt bekleiden und habe mich dafür beworben", „Ich wurde ohne eine aktive Bewerbung zum Schöffen/zur Schöffin berufen" und „Ich wurde von der folgenden Organisation vorgeschlagen: ...". Bei der Beantwortung wurde eine Mehrfachauswahl ermöglicht, da neben der ersten oder zweiten Option gleichzeitig die dritte Option erfüllt sein konnte. Die 54 erwähnten Personen wählten allerdings gleichzeitig die erste und zweite Option aus.

Tabelle 1. Altersverteilung der Befragten.

Alter	Anzahl (N = 7791)	Anteil in Prozent
30 oder jünger	94	1,2
31–35	321	4,1
36–40	435	5,6
41–45	600	7,7
46–50	701	9,0
51–55	1203	15,4
56–60	1500	19,3
61–65	1449	18,6
66–70	1201	15,4
71 oder älter	268	3,4
keine Angabe	19	0,2

Aus der Altersverteilung der befragten Personen (s. Tabelle 1) ergibt sich, dass die meisten Schöffen zum Zeitpunkt der Befragung zwischen 50 und 70 Jahre alt waren, wobei die Alterskategorie von 56 bis 60 Jahren am häufigsten ausgewählt wurde. In Abbildung 5 ist die Altersverteilung der teilnehmenden Schöffen abgebildet. Daneben ist die Verteilung der Altersgruppen dargestellt, die zu erwarten wäre, wenn die Schöffen die Gesamtbevölkerung optimal repräsentieren würden.[73] Ein Abgleich mit der tatsächlichen Altersverteilung der Schöffen ist nicht möglich, da die *Schöffenstatistik* seit dem Jahr 1998 keine Angaben mehr dazu enthält.[74] Dennoch ist unschwer zu erkennen, dass jüngere Schöffen unter den Befragten –

73 Berechnet via *Destatis*, 14. koordinierte Bevölkerungsvorausberechnung für Deutschland, 2019a, https://service.destatis.de/bevoelkerungspyramide/index.html (abgerufen am 17.3.2023). Bei Berechnung der erwarteten Verteilung wurden ausschließlich Altersgruppen berücksichtigt, die zum Zeitpunkt der Befragung die altersbezogenen Anforderungen ans Schöffenamt erfüllten. Schöffen dürfen bei Amtsantritt nicht jünger als 25 und noch nicht 70 Jahre alt sein (§ 33 GVG). Da die zum Zeitpunkt der Befragung aktuelle Amtsperiode im Jahr 2019 begann, können die Befragten (unter Berücksichtigung der Geburtsmonate und der Zeitspanne, in der eine Teilnahme möglich war) bei der Beantwortung des Fragebogens nicht jünger als 27 und nicht älter als 73 Jahre alt gewesen sein. Entsprechend bezieht sich die erstellte Altersverteilung der Gesamtbevölkerung auf Personen zwischen 27 und 73 Jahren. Die Datengrundlage von *Destatis* für die Altersverteilung im Jahr 2022 beruht dabei auf einer Hochrechnung der Entwicklung der Altersverteilung seit dem Jahr 2019.

74 Siehe *Bundesamt für Justiz*, Schöffenstatistik, 2019, https://www.bundesjustizamt.de/SharedDocs/Downloads/DE/Justizstatistiken/Schoeffenstatistik.html (abgerufen am 17.3.2023) und *Lieber*, 2020, S. 3.

und damit höchstwahrscheinlich auch bei Schöffen allgemein – deutlich unterrepräsentiert sind. Dies wird besonders sichtbar, wenn man sich die Zahlen für ältere Schöffen vor Augen führt: Rund 72 % der Teilnehmer sind älter als 50 Jahre. Bei einer repräsentativen Auswahl der Schöffen stünde für über 50-Jährige dagegen nur ein Prozentsatz von rund 50 % zu erwarten. Dabei ist es keine neue Erkenntnis, dass trotz § 36 Abs. 2 S. 1 GVG, wonach die Vorschlagsliste alle Gruppen der Bevölkerung nach Geschlecht, Alter, Beruf und sozialer Stellung angemessen berücksichtigen soll, jüngere Altersgruppen unter den Schöffen unterrepräsentiert sind.[75] Eine mögliche Erklärung dafür ist, dass ein potenziell zeitaufwendiges Ehrenamt für jüngere Bürger, die bereits Arbeit und Familie koordinieren müssen, nicht sonderlich attraktiv ist.[76]

75 Siehe z. B. *Casper/Zeisel*, 1979, S. 78, *Katholnigg/Bierstedt*, ZRP 1982, S. 267 (268) und *Rennig*, 1993, S. 479.

76 Siehe auch *Rönnau*, 2016, S. 295 f.

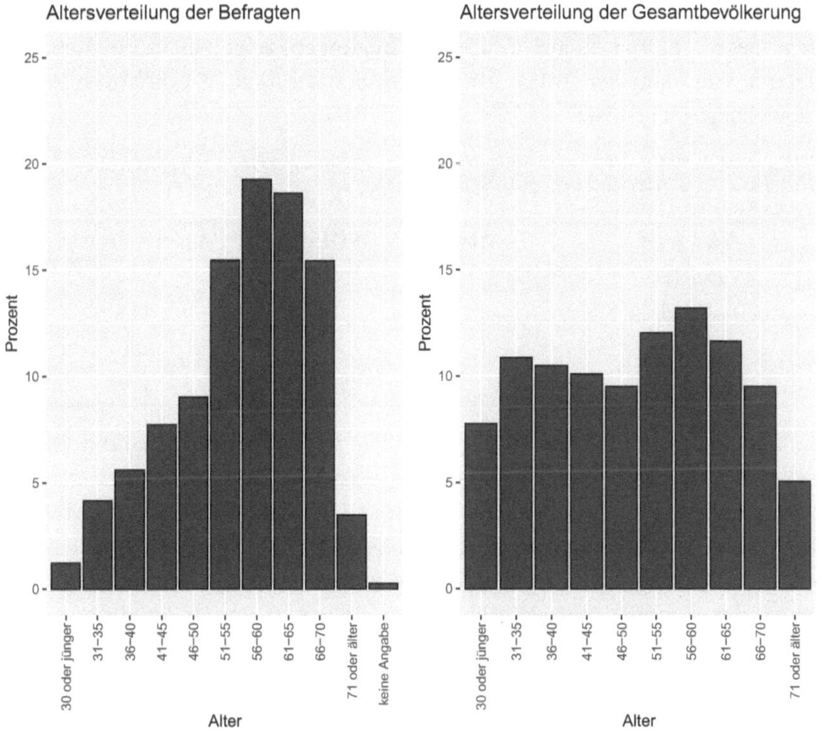

Abbildung 5. Vergleichende Darstellung der Altersverteilung der Befragten (links) und der Gesamtbevölkerung (rechts). Die Verteilung der Gesamtbevölkerung bezieht sich auf Personen, die im Jahr 2022 zwischen 27 und 73 Jahren alt waren.

Unter den befragten Schöffen sind Männer im Vergleich zur Gesamtbevölkerung über- und Frauen unterrepräsentiert (ca. 55 % vs. 44 %, s. Tabelle 2).[77] Damit fällt in der Umfrage die tatsächlich vorliegende Überrepräsentation männlicher Schöffen noch etwas stärker aus: Laut der *Schöffenstatistik* beträgt der Anteil der Schöffinnen in der Wahlperiode 2019–

77 51 % der deutschen Staatsbürger sind Frauen, siehe *Destatis*, Bevölkerung nach Nationalität und Geschlecht 1970 bis 2021 in Deutschland, 2022b, https://www.destatis.de/DE/Themen/Gesellschaft-Umwelt/Bevoelkerung/Bevoelkerungsstand/Tabellen/deutsche-nichtdeutsche-bevoelkerung-nach-geschlecht-deutschland.html (abgerufen am 17.3.2023).

2023 in etwa 48 %.[78] Vergleicht man diese mittlerweile annähernd paritätische Besetzung mit älteren Schöffenbefragungen, zeigt sich ein eindeutiger Trend, nach dem der Anteil der Schöffinnen seit den 1970er-Jahren kontinuierlich gestiegen ist.[79]

Tabelle 2. Geschlechterverteilung der Befragten.

Geschlecht	Anzahl (N = 7791)	Anteil in Prozent
männlich	4314	55,4
weiblich	3424	43,9
divers	10	0,1
keine Angabe	43	0,6

Auffallend sind die Angaben der Schöffen zu ihrem Bildungsstand (s. Tabelle 3). Fast alle Befragten gaben als höchsten Bildungsabschluss mindestens „Mittlere Reife" an. Während „Haupt-/Volksschulabschluss", „Mittlere Reife" und „Fach-/Hochschulreife" als höchster Schulabschluss in der Gesamtbevölkerung nahezu gleich häufig vertreten sind,[80] beträgt allein der Anteil der Personen mit abgeschlossenem Fach-/Hochschulstudium in der Stichprobe nahezu 50 %. Somit sind Bürger mit niedrigeren Bildungsabschlüssen in unserer Umfrage massiv unterrepräsentiert. Dies ist insbesondere angesichts des hohen Altersdurchschnitts der Schöffen ein sehr bemerkenswerter und eindeutiger Befund, da jüngere Generationen im Schnitt deutlich höhere Bildungsabschlüsse erzielen als ältere.[81] Ein Vergleich der hier ermittelten Bildungsabschlüsse mit den realen Gegebenheiten bei allen Schöffen ist leider nicht möglich, da die entsprechenden Daten nicht mehr öffentlich verfügbar sind.[82] Im Vergleich zu einer älteren Erhebung deutet sich an, dass die Schöffen die Gesamtbevölkerung heutzutage hinsichtlich

78 *Bundesamt für Justiz*, 2019.

79 Siehe z. B. *Casper/Zeisel*, 1979, S. 78, *Katholnigg/Bierstedt*, 1982, S. 267, *Klausa*, 1972, S. 43 und *Rennig*, 1993, S. 477.

80 *Destatis*, Bevölkerung im Alter von 15 Jahren und mehr nach allgemeinen und beruflichen Bildungsabschlüssen nach Jahren, 2019b, https://www.destatis.de/DE/Themen/Gesellschaft-Umwelt/Bildung-Forschung-Kultur/Bildungsstand/Tabellen/bildungsabschluss.html (abgerufen am 17.3.2023).

81 Siehe z. B. *Statista*, Bildungsstand: Verteilung der Bevölkerung in Deutschland nach Altersgruppen und höchstem Schulabschluss, 2021, https://de.statista.com/statistik/daten/studie/197269/umfrage/allgemeiner-bildungsstand-der-bevoelkerung-in-deutschland-nach-dem-alter/ (abgerufen am 17.3.2023).

82 *Lieber*, 2020, S. 3.

des Bildungsstands schlechter repräsentieren, als das noch vor 30 Jahren der Fall war.[83]

Tabelle 3. Bildungsverteilung der Befragten.

Bildungsgrad	Anzahl (N = 7791)	Anteil in Prozent
Haupt-/Volksschulabschluss	440	5,6
Realschulabschluss/Mittlere Reife	1834	23,5
Fach-/Hochschulreife	1644	21,1
Abgeschlossenes Fach-/ Hochschulstudium	3782	48,5
keine Angabe	91	1,2

Als Gründe für diese Unterrepräsentation von Bürgern mit niedrigeren Bildungsabschlüssen kommen mehrere Erklärungsansätze in Frage. Eventuell ist das Schöffenamt unter Menschen höherer Bildungsniveaus bekannter, weshalb sie sich häufiger auf das Amt bewerben. Möglicherweise ist das Ehrenamt für Bürger mit höherer Bildung auch attraktiver oder spricht deren Interessen eher an. So ist denkbar, dass (ehemalige) Akademiker im Schnitt ein besonders großes Interesse an gesellschaftlichen und politischen Themen haben. Rechtliche und kriminologische Fragestellungen könnten vor diesem Hintergrund eine besondere Anziehungskraft auf diese Personengruppe ausüben. Allerdings kann ein Selektionseffekt, wonach Schöffen mit höherem Bildungsgrad besonders häufig an freiwilligen Befragungen teilnehmen, ebenfalls nicht ausgeschlossen werden. Dass eine derartig stark ausgeprägte Überrepräsentation ausschließlich durch selektive Teilnehmereffekte entstehen kann, erscheint jedoch fraglich.

Auch wenn sich der Rücklauf in den einzelnen Bundesländern teilweise deutlich voneinander unterscheidet, wurde doch in allen Ländern eine zufriedenstellende Teilnehmeranzahl erzielt. Während Vergleiche zwischen

83 *Rennig*, 1993, S. 477. Eine ähnlich starke Überrepräsentation hoher Bildungsabschlüsse wie in dieser Untersuchung stellte auch *Lennartz* bei einer Befragung von Jugendschöffen fest (siehe *Lennartz*, Erziehung durch Jugendschöffen? Eine empirische Untersuchung zur Funktion und Stellung der Jugendschöffen im Jugendgerichtsverfahren, 2016, S. 171 ff.). Zur Überprüfung eines möglichen „Jugendschöffeneffekts" wurde auch nur die Bildungsverteilung der hier befragten Jugendschöffen ermittelt. Diese weicht allerdings kaum von der Bildungsverteilung aller Befragten in Tabelle 3 ab. Eine Überrepräsentation von Bürgern mit hohem Bildungsniveau scheint also bereits seit einigen Jahren zu bestehen und Jugend- und Erwachsenenschöffen gleichermaßen zu betreffen.

Bundesländern aufgrund der ungleichen Teilnehmerverteilungen nur vorsichtig gezogen werden sollten, kann davon ausgegangen werden, dass die Stichprobe einen Großteil des Meinungs- und Erfahrungsspektrums der Schöffen in ganz Deutschland abdeckt. Die Verteilungen der demographischen Merkmale in der Stichprobe bilden zwar nicht annähernd die Gesamtbevölkerung ab. Doch dieser Befund trifft auch auf die Gesamtpopulation der Schöffen zu. Vergleiche mit öffentlich verfügbaren Daten[84] und älteren Erhebungen[85] geben keinen Anlass zur Annahme, dass die Merkmale der befragten Teilnehmer erheblich vom Durchschnitt der Gesamtheit der deutschen Laienrichter abweichen. Daher kann zweifelsohne ein gewisses Maß an Generalisierbarkeit für die nachfolgend vorgestellten Ergebnisse beansprucht werden.

84 *Bundesamt für Justiz*, 2019.

85 *Casper/Zeisel*, 1979, S. 75 ff., *Katholnigg/Bierstedt*, 1982, S. 267 und *Rennig*, 1993, S. 476 ff.

III. Ergebnisse

Nachfolgend werden die Ergebnisse der Befragung erläutert.[86] Ihre Darstellung orientiert sich an der Struktur des Fragebogens. Die Befunde werden bei jeder Frage deskriptiv präsentiert. Bei einigen, als zentral erachteten Fragen erfolgten tiefergehende Analysen in Form von Vergleichen zwischen Untergruppen der Schöffen (beispielsweise nach Zugehörigkeit zu einem bestimmten Spruchkörper, Bundesland oder demographischen Merkmalen). Die als besonders relevant angesehenen Fragen thematisieren

- die Häufigkeit miterlebter/beobachteter Absprachen,
- eine (Nicht-)Beteiligung der Schöffen an Absprachen,
- verbotene Abspracheinhalte,
- Zweifel an der Zulässigkeit von Absprachen,
- die Kenntnis von Regelungen über die Verständigung
- sowie die Urteilspraxis der Gerichte.

Diese Zusatzauswertungen sind dabei rein explorativer Natur und somit nicht hypothesengeleitet. Von inferenzstatistischen Analysen (z. B. in Form von Hypothesentests) wurde daher abgesehen.

Der Survey enthielt mitunter Fragen, die in identischer oder ähnlicher Form bereits den justiziellen Akteuren im Rahmen des vorausgehenden Forschungsprojekts von *Altenhain*, *Jahn* und *Kinzig* präsentiert wurden.[87] Bei diesen Fragen wurde ein Vergleich zwischen den Antworten der Schöffen und denen der Berufsrichter, Staatsanwälte und Strafverteidiger vorgenommen.

---

86 Die Datenauswertung erfolgte mithilfe der freien Software R, Version 4.2.1.; *R Core Team*, 2022.

87 Diese sind im Kapitel „Online-Befragung justizieller Akteure (Modul 4)“ zu finden, siehe *Kinzig/Iberl/Koch* in: *Altenhain/Jahn/Kinzig*, 2020, S. 191 ff.

1. Einleitende Fragen zum Schöffenamt

Frage 1: In welcher Schöffenfunktion sind oder waren Sie tätig? (N = 8759[88]; Mehrfachauswahl)

Tabelle 4. Verteilung der Antworten auf Frage 1 (Schöffenfunktion).

Schöffenfunktion	Anzahl der Antworten	Anteil in Prozent
Hauptschöffen	5367	61,3
Hilfsschöffen	2338	26,7
Jugendschöffen	1728	19,7
Jugendhilfsschöffen	663	7,6

61,3 % der Befragten übten zum Zeitpunkt der Befragung oder in früheren Wahlperioden das Amt eines Hauptschöffen aus. Etwa ein Viertel berichtete, als Hilfsschöffe eingesetzt worden zu sein.[89] Der Anteil von Jugendschöffen liegt bei etwa 20 %, der von Jugendhilfsschöffen bei unter 10 %. Das tatsächlich vorliegende Verhältnis von Haupt- zu Jugendschöffen geht aus der *Schöffenstatistik* hervor.[90] Demnach gibt es 2,3-mal mehr Hauptschöffen als Jugendschöffen. In der vorliegenden Untersuchung beträgt dieses Verhältnis 3,1 : 1. Jugendschöffen sind in dieser Umfrage also etwas unterrepräsentiert.

88 Die angegebene Zahl *N* beschreibt die Anzahl antwortender Teilnehmer und variiert je nach Frage. Dies liegt daran, dass auch Angaben sogenannter „Dropouts“ berücksichtigt wurden, also von Personen, die die Befragung frühzeitig beendeten. Die Anzahl antwortender Teilnehmer verringert sich demnach sukzessive. Daneben wird die Größe von *N* auch durch die eingesetzten Filterfragen beeinflusst.

89 Nach § 42 Abs. 1 Nr. 2 GVG wählt der Schöffenwahlausschuss auch die erforderliche Zahl der Personen, die an die Stelle wegfallender Schöffen treten oder in den Fällen der §§ 46, 47 GVG als Schöffen benötigt werden. Seit dem 1.7.2021 werden sie als Ersatzschöffen bezeichnet. Zuvor wurden sie Hilfsschöffen genannt. Letztere Bezeichnung wurde auch in der Umfrage verwendet.

90 *Bundesamt für Justiz*, 2019.

Frage 2: In welcher der folgenden Wahlperioden waren oder sind Sie als Schöffe/Schöffin tätig? (N = 8759; Mehrfachauswahl)

Tabelle 5. Verteilung der Antworten auf Frage 2 (Wahlperiode).

Wahlperioden	Anzahl der Antworten	Anteil in Prozent
2009–2013 oder früher	1368	15,6
2014–2018	2703	30,9
2019–2023	8513	97,2

Nahezu alle befragten Schöffen waren zum Zeitpunkt der Umfrage aktiv im Amt, was die Aktualität der hier vorgestellten Ergebnisse unterstreicht. Etwa 31 % der Teilnehmer amtierten zum Teil darüber hinaus schon in der Wahlperiode 2014–2018, etwa 16 % bereits in früheren Amtsperioden.

Frage 3: Wie wurden Sie erstmals zum Schöffen/zur Schöffin berufen? (N = 8759; Mehrfachauswahl)

Tabelle 6. Verteilung der Antworten auf Frage 3 (Art und Weise der Berufung ins Schöffenamt).

Berufung zum Schöffenamt	Anzahl der Antworten	Anteil in Prozent
aktive Bewerbung	7080	80,8
ohne aktive Bewerbung	631	7,2
von einer Organisation vorgeschlagen	1370	15,6

Mit mehr als 80 % haben sich die meisten Teilnehmer aktiv für das Schöffenamt beworben. Sie üben das Amt also aus eigener Motivation aus. Daraus lässt sich eine gewisse Attraktivität dieser Aufgabe ableiten. 7,2 % wurden dagegen ohne eine aktive Bewerbung berufen, 15,6 % wurden von einer Organisation für das Amt vorgeschlagen.

Dabei sollten die Befragten bei einer Auswahl der dritten Antwort die „vorschlagende" Organisation benennen. Die entsprechenden Freitext-Antworten wurden kategorisiert, wobei eine Antwort auch mehrere Kategorien erfüllen kann (hier z. B. bei Benennung zweier Organisationen). In diesem Kontext wurden Einrichtungen der regionalen Verwaltung mit Abstand am häufigsten genannt (740 Erwähnungen), worunter etwa Stadt- oder Gemeindeverwaltungen oder -räte, der zuständige Kreistag und Bürgermeister fallen. 440 Schöffen gaben an, politische Parteien oder ähnliche Organisationen (z. B. freie Wählergruppen) hätten sie für das Amt vorgeschlagen.[91] Davon sind mit 133 Schöffen durch die *SPD* und 129 Schöffen durch die Unionsparteien *CDU/CSU* ungefähr gleich viele Personen durch die sogenannten Volksparteien an ihr Amt gelangt, 41 durch *Bündnis90/Die Grünen* und nur 14 durch die *FDP*.

Bemerkenswert ist, dass niemand angab, durch die Parteien *AfD* oder *Die Linke* vorgeschlagen worden zu sein. Hierbei ist zu beachten, dass nicht alle Schöffen in ihrer Antwort die jeweilige Partei nannten. So schrieben einige etwa nur „Politische Partei". Möglicherweise ist es tatsächlich sehr selten, dass die *AfD* oder *Die Linke* Schöffen vorschlagen, beispielsweise aufgrund einer mangelnden Verwurzelung in kommunalpolitischen Gremien. Eventuell haben hier befragte Anhänger dieser an den Rändern des etablierten politischen Spektrums anzusiedelnden Parteien auch die konkrete Angabe der Partei, die sie vorgeschlagen haben, vermieden. Überraschend sind jedoch gerade fehlende Angaben rechtspopulistischer-/extremistischer Parteien wie der *AfD*, da diese laut Medienberichten vor der aktuellen Wahlperiode unter ihren Anhängern verstärkt für das Schöffenamt geworben hatten.[92] Denkbar ist auch, dass Schöffen, die Aufrufen rechter Parteien zur Bewerbung für das Amt gefolgt sind, sich aktiv beworben und daher die entsprechende Antwortalternative gewählt haben. Eine weitere Erklärung könnte darin liegen, dass die genannten Parteien ihre Anhänger oder Mitglieder bewusst nicht als Organisation vorschlagen, weil sie fürchten, ihre Nominierungen könnten durch die Schöffenwahlausschüsse abgelehnt werden. In diesem Zusammenhang ist auf einen aktuellen Reformvorschlag der Unionsparteien hinzuweisen, der ein Bekenntnis der Schöffen zu Grundgesetz und freiheitlich-demokratischer Grundordnung vorsieht. So

---

91 Die zentrale Rolle der Parteien bei Vorschlägen für das Schöffenamt wird auch in *Lennartz*, 2016, S. 188 betont.

92 Siehe z. B. *Der Spiegel/Hallet*, AfD und NPD rufen Anhänger zum ehrenamtlichen Richterdienst auf – Warum Schöffen trotzdem keine Gefahr für die Justiz sind, 2018, https://www.spiegel.de/politik/schoeffen-wahl-wie-wird-man-eigentlich-schoeffe-a-be68c13b-4298-4233-b269-6e7b5630f3ce (abgerufen am 17.3.2023) und *Süddeutsche Zeitung/Steinke*, Extremist im Ehrenamt: Bei Schöffen wird Verfassungstreue kaum geprüft – bislang, 2022, https://www.sueddeutsche.de/politik/justizpolitik-extremist-im-ehrenamt-1.5551740 (abgerufen am 17.3.2023).

soll verhindert werden, dass vermehrt politisch extreme Laienrichter das Schöffenamt wahrnehmen.[93]

Weiterhin wurden 59 Schöffen durch Jugendämter oder -hilfeausschüsse, 34 durch Gewerkschaften oder andere Interessenvertretungen (etwa *ver.di*, *IHK* und *IG Metall*) und 26 durch freiwillige Feuerwehren oder gemeinnützige Vereine (*DRK*, *DLRG*, Sportvereine etc.) vorgeschlagen. Als weitere Organisationen folgten kirchliche Einrichtungen (25), wobei katholische Institutionen (18; katholische Kirche, *Caritas* und *Malteser*) wesentlich häufiger angegeben wurden als die evangelische Kirche (3). Sonstige vereinzelt genannte Organisationen waren andere staatliche Behörden (z. B. die *Agentur für Arbeit*), eher unerwartet auch Arbeitgeber der Schöffen bzw. Unternehmen der freien Wirtschaft, Privatpersonen, Schulen oder Kindertagesstätten und Anwälte bzw. Anwaltskanzleien.

93 Antrag der Fraktion der *CDU/CSU*. Schöffenrecht reformieren: Richterliches Ehrenamt stärken, BT-Drucks. 20/2558, S. 1 ff.; der Antrag wurde mittlerweile abgelehnt, vgl. Beschlussempfehlung und Bericht des Rechtsausschusses, BT-Drucks. 20/3746, S. 1 f.; vgl. auch *Legal Tribune Online*, Unionsfraktion reicht Antrag ein: Reform zur Stärkung des Schöffenamtes angestoßen, 2022, https://www.lto.de/recht/justiz/j/schoeffenamt-reform-antrag-der-cducsu-bundestagsfraktion/ (abgerufen am 17.3.2023).

Tabelle 7. Kategorisierte Freitext-Antworten bei der Antwortoption „von einer Organisation vorgeschlagen“ (Frage 3) und Anzahl der jeweiligen Nennungen. Teilweise wurde eine Antwort mehreren Kategorien zugeordnet. N = 1356.

Kategorien der Freitext-Antworten	**Anzahl Nennungen**
Regionale Verwaltung (Bürgermeister, Kreistag, Gemeindeverwaltung etc.)	740
Partei o. ä.	440
Jugendamt/-hilfeausschuss	59
Gewerkschaft/Interessenvertretung	34
Feuerwehr und gemeinnützige Vereine (*DRK*, *DLRG*, Sportvereine, ...)	26
Kirchliche Einrichtung	25
Andere staatliche Behörden (Integration, Arbeit, Soziales)	11
Arbeitgeber/privates Unternehmen	9
Privatperson	9
Schule/Kita	8
Anwalt/Kanzlei	4
Sonstiges	9

Frage 4: An wie vielen Strafverfahren haben Sie seit dem Jahr 2014 als Schöffe/Schöffin ungefähr mitgewirkt? (N = 8759; Zahleneingabe)

Im Durchschnitt wirkten die Schöffen in der Vergangenheit an 16,4 Strafverfahren mit, wobei der Median bei 10 Strafverfahren liegt. Die Standardabweichung beträgt 17,4, die Anzahl der erlebten Strafverfahren schwankt also beträchtlich zwischen den einzelnen Schöffen. Etwa 1 % der Teilnehmer hatte zum Zeitpunkt der Umfrage an noch keinem Strafverfahren mitgewirkt. Die höchste genannte Anzahl lag bei 150 Strafverfahren. Gehäufte Werte traten bei vielen „runden Zahlen“, z. B. 10, 15, 20, 25, 30, etc., auf (s. Abbildung 6). Dies dürfte widerspiegeln, dass viele Schöffen bei dieser Frage – erwartungsgemäß und dem Wortlaut der Frage entsprechend – nur ungefähre Angaben machen konnten.

Die durchschnittlich berichtete Anzahl der Strafverfahren lag bei den Haupt- und Jugendschöffen (19,9 bzw. 19,7) wenig überraschend klar über derjenigen der Hilfs- und Jugendhilfsschöffen (10,4 bzw. 9,2).[94] Zwischen Jugend- und Erwachsenenschöffen bestand dahingehend kein großer Unterschied (15,0 bzw. 16,2). Schöffen, die ausschließlich am Amtsgericht tätig sind, gaben dabei erwartungsgemäß im Durchschnitt höhere Zahlen an als ihre ausschließlich am Landgericht tätigen Kollegen (17,8 bzw. 12,7). Dies dürfte daran liegen, dass für Verfahren am Landgericht in der Regel mehr Hauptverhandlungstage benötigt werden und die dort eingesetzten Schöffen somit weniger Verfahren insgesamt miterleben, auch wenn ihre zeitliche Belastung unter Umständen höher ist als diejenige von Schöffen am Amtsgericht.

94 Dabei gilt zu berücksichtigen, dass bei den Angaben zur genauen Schöffentätigkeit eine Mehrfachauswahl möglich war. Einige Personen, die bei Bearbeitung der Umfrage als Hilfsschöffen berufen waren, könnten in einer früheren Wahlperiode als Hauptschöffen gedient haben und umgekehrt. Die Zahlen zeigen dennoch, dass Haupt- und Jugendschöffen bei wesentlich mehr Strafverfahren eingesetzt werden als Hilfs- und Jugendhilfsschöffen.

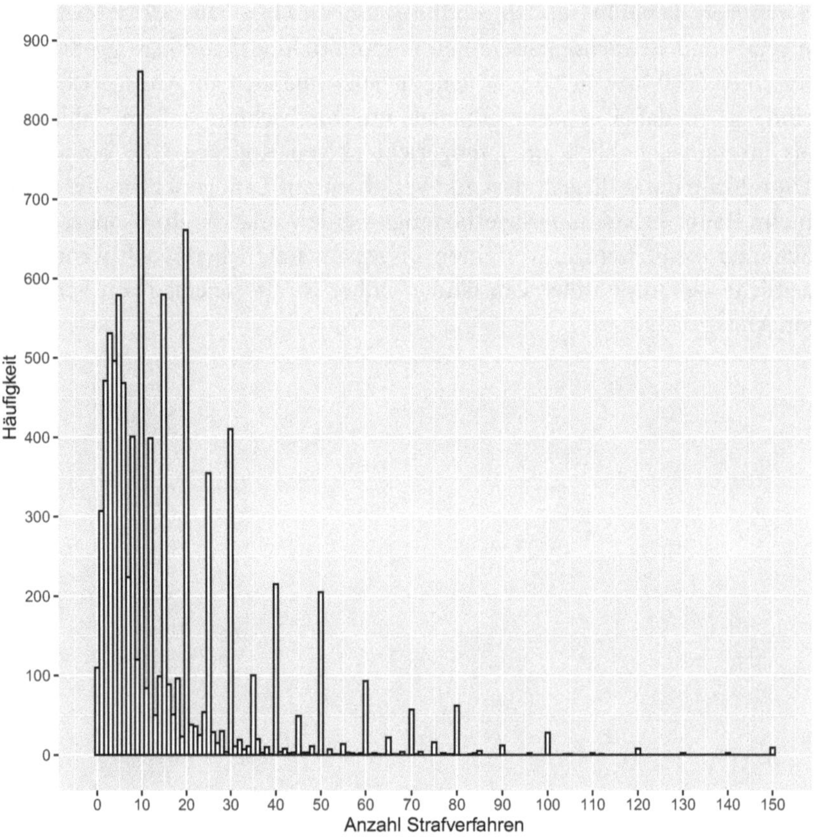

Abbildung 6. Histogramm der geschätzten Anzahl von Strafverfahren, an denen die Befragten seit dem Jahr 2014 mitgewirkt haben.

Frage 5: In welchem Bundesland sind oder waren Sie als Schöffe/Schöffin (überwiegend) tätig? (N = 8759)

Tabelle 8. Verteilung der Antworten auf Frage 5 (Bundesland).

Bundesland	Anzahl der Antworten	Anteil in Prozent
Baden-Württemberg	992	11,3
Bayern	2029	23,2
Berlin	93	1,1
Brandenburg	223	2,5
Bremen	80	0,9
Hamburg	751	8,6
Hessen	588	6,7
Mecklenburg-Vorpommern	46	0,5
Niedersachsen	1025	11,7
Nordrhein-Westfalen	1291	14,7
Rheinland-Pfalz	290	3,3
Saarland	153	1,7
Sachsen	711	8,1
Sachsen-Anhalt	125	1,4
Schleswig-Holstein	263	3,0
Thüringen	99	1,1

Tendenziell spiegelt die Verteilung der Schöffen nach Bundesland die Einwohnerzahl der jeweiligen Bundesländer wider. So kommen die meisten der teilnehmenden Schöffen aus den einwohnerstarken Bundesländern Bayern, Nordrhein-Westfalen, Niedersachsen und Baden-Württemberg, dagegen nur wenige aus Berlin, Bremen oder dem Saarland. Einige Bundesländer sind jedoch deutlich über- bzw. unterrepräsentiert (z. B. Hamburg bzw. Mecklenburg-Vorpommern; s. o.).

Frage 6: An welchem Gericht sind oder waren Sie bereits als Schöffe/Schöffin tätig? (N = 8759; Mehrfachauswahl)

Tabelle 9. Verteilung der Antworten auf Frage 6 (Gericht).

Gericht/Spruchkörper	**Anzahl der Antworten**	**Anteil in Prozent**
AG: Schöffengericht	2864	32,7
AG: Jugendschöffengericht	1898	21,7
LG: Kleine Strafkammer	3427	39,1
LG: Große Strafkammer	3717	42,4
LG: Schwurgericht	1001	11,4
LG: Wirtschaftsstrafkammer	704	8,0
LG: Kleine Jugendstrafkammer	427	4,9
LG: Große Jugendstrafkammer	690	7,9
Ortsgericht (nur Hessen)	15	0,2

Am häufigsten gaben Schöffen an, bereits am Landgericht in einer großen Strafkammer tätig gewesen zu sein (42,4 %), knapp gefolgt von einer kleinen Strafkammer am Landgericht (39,1 %). Ein knappes Drittel fungierte am Schöffengericht, etwa ein Fünftel am Jugendschöffengericht. Weniger Schöffen erlebten Einsätze speziell am Schwurgericht des Landgerichts, in einer Wirtschaftsstrafkammer, der kleinen Jugendstrafkammer oder der großen Jugendstrafkammer. Das Ortsgericht, ein nur in Hessen existierender Spruchkörper, wurde wenig überraschend nur sehr selten als Einsatzort genannt.[95]

Bei genauerer Betrachtung zeigt sich, dass zahlreiche Schöffen bereits sowohl in einer kleinen als auch in einer großen Strafkammer am Landgericht eingesetzt wurden. Dabei ist zu berücksichtigen, dass hier eine Mehrfachauswahl möglich war. Dementsprechend wäre eine Interpretation, es würden mehr als doppelt so viele Schöffen am Landgericht als am Amtsgericht eingesetzt, nicht haltbar. Zweifelsohne amtieren dennoch mehr Schöffen am Landgericht als am Amtsgericht.

95 Rechtsgrundlage ist das Hessische Ortsgerichtsgesetz in der Fassung vom 2.4.1980. Nach § 4 Abs. 1 S. 1 Ortsgerichtsgesetz werden für jedes Ortsgericht ein Ortsgerichtsvorsteher und vier Ortsgerichtsschöffen (Ortsgerichtsmitglieder) bestellt. Den Ortsgerichten obliegen verschiedene Aufgaben auf dem Gebiet der freiwilligen Gerichtsbarkeit und des Schätzwesens, die ebenfalls im Ortsgerichtsgesetz normiert sind.

2. Fragen zu generellen Erfahrungen im Schöffenamt

Frage 7: Wenn Sie auf Ihre bisherige Schöffentätigkeit insgesamt blicken. Inwiefern würden Sie den folgenden Aussagen zustimmen?

a) „Es besteht ein ausreichendes Angebot an Einführungsveranstaltungen und Infomaterial zum Schöffenamt." (N = 8619)

Tabelle 10. Verteilung der Antworten auf Frage 7a (Informationsangebot generell).

Antwort	Anzahl der Antworten	Anteil in Prozent
trifft zu	3567	41,4
trifft eher zu	2720	31,6
trifft eher nicht zu	1680	19,5
trifft nicht zu	550	6,4
keine Angabe	102	1,2

Mit zusammengenommen fast drei Viertel der Befragten scheint eine eindeutige Mehrzahl mit dem Schulungs- und Informationsangebot zum Einstieg in das Schöffenamt (eher) zufrieden zu sein. Rund ein Viertel beurteilte das Angebot hingegen (eher) negativ. Dieses vergleichsweise hohe Maß an Zufriedenheit ist etwas überraschend, da Schöffen in vergangenen Befragungen durchaus einen (in der Praxis nicht immer gedeckten) Bedarf an Fort- und Weiterbildungen angemahnt hatten.[96]

96 Siehe z. B. *Lennartz*, 2016, S. 226 ff.

b) „Ich habe das Gefühl, durch die Berufsrichter/-innen über die jeweiligen Verfahren gut informiert worden zu sein." (N = 8619)

Tabelle 11. Verteilung der Antworten auf Frage 7b (Information zum Verfahren).

Antwort	Anzahl der Antworten	Anteil in Prozent
trifft zu	4919	57,1
trifft eher zu	2960	34,3
trifft eher nicht zu	616	7,1
trifft nicht zu	95	1,1
keine Angabe	29	0,3

Mit über 90 % fühlten sich die weitaus meisten Schöffen durch die Berufsrichter über die jeweiligen Verfahren (eher) gut informiert. 57,1 % stimmten der abgefragten Aussage sogar uneingeschränkt zu.

c) „Die vorsitzenden Richter/-innen haben mir genügend Gelegenheit gegeben, im Rahmen der nicht-öffentlichen Beratungen des Spruchkörpers Fragen zu stellen." (N = 8619)

Tabelle 12. Verteilung der Antworten auf Frage 7c (Möglichkeit zu Fragen).

Antwort	Anzahl der Antworten	Anteil in Prozent
trifft zu	6324	73,4
trifft eher zu	1860	21,6
trifft eher nicht zu	325	3,8
trifft nicht zu	53	0,6
keine Angabe	57	0,7

Sogar rund 95 % waren (eher) der Ansicht, genügend Gelegenheit bekommen zu haben, im Rahmen der Beratung des Gerichts Fragen zu stellen. Nur ganz wenige Schöffen berichteten insoweit von Problemen. Fast drei Viertel der Befragten stimmten der entsprechenden Aussage sogar uneingeschränkt zu.

d) „Ich habe mich in meiner Funktion als Schöffe/Schöffin in der Regel auf die Einschätzungen der Berufsrichter/-innen verlassen und mich ihnen angeschlossen." (N = 8616)

Tabelle 13. Verteilung der Antworten auf Frage 7d (Übereinstimmung mit den Berufsrichtern).

Antwort	Anzahl der Antworten	Anteil in Prozent
trifft zu	1796	20,8
trifft eher zu	5395	62,6
trifft eher nicht zu	1064	12,3
trifft nicht zu	253	2,9
keine Angabe	108	1,3

Eine Mehrzahl der Schöffen gab an, sich in der Regel (tendenziell) auf die Einschätzungen der Berufsrichter verlassen und sich ihnen angeschlossen zu haben, wobei knapp 21 % die entsprechende Aussage als „zutreffend" und 62,6 % als „eher zutreffend" einschätzten. Etwas mehr als 15 % sahen dies als (eher) nichtzutreffend an. Dabei ist zu betonen, dass dieses Ergebnis aus einer Schöffenbefragung, also einer Selbsteinschätzung, und nicht etwa aus einer Fremdeinschätzung in Form einer Befragung von Berufsrichtern resultiert. Die Ansicht, dass sich Schöffen regelmäßig den Einschätzungen der Berufsrichter anschließen, dürfte von Berufsrichtern noch häufiger vertreten werden als von Laienrichtern.[97]

Dieser Befund unterstreicht die Ergebnisse älterer Untersuchungen, nach denen Schöffen generell nur wenig Einfluss auf die Urteilsfindung ausüben.[98] Besonders eindrucksvoll resümiert diesen Umstand etwa *Klausa*, der um das Jahr 1970 Interviews mit 315 Laien- und Berufsrichtern durchführte: „Mehrere Berufsrichter betonten, kein geschickter Richter lasse sich überstimmen. Nur jungen, unerfahrenen Richtern unterlaufe das."[99] Die Antworten der Schöffen auf die Teilfrage 7d lassen vermuten, dass diese Erkenntnisse auch ein halbes Jahrhundert später noch weitgehend aktuell sind.

97 Vgl. auch die Ergebnisse von *Klausa*, 1972, S. 76 und *Lennartz*, 2016, S. 292, nach denen die Berufsrichter den Einfluss der Laienrichter für deutlich geringer hielten als die Schöffen selbst.

98 Siehe z. B. *Casper/Zeisel*, 1979, S. 11 ff., 84, *Klausa*, 1972, S. 76 und *Rennig*, 1993, S. 558.

99 *Klausa*, 1972, S. 78.

e) „Ich hatte das Gefühl, auch ohne Kenntnis der Akten über die wichtigsten Inhalte des jeweiligen Strafverfahrens im Bilde zu sein." (N = 8616)

Tabelle 14. Verteilung der Antworten auf Frage 7e (Kenntnis des Verfahrens).

Antwort	Anzahl der Antworten	Anteil in Prozent
trifft zu	3141	36,5
trifft eher zu	3806	44,2
trifft eher nicht zu	1269	14,7
trifft nicht zu	346	4,0
keine Angabe	54	0,6

In Zusammenhang mit Teilfrage 7e ist zu ergänzen, dass sich schon seit Jahrzehnten viele Stimmen in der Literatur für die Möglichkeit einer (partiellen) Akteneinsicht von Schöffen aussprechen.[100] Auch Laienrichter haben sich in älteren Schöffenbefragungen entsprechend geäußert.[101] Vor diesem Hintergrund überrascht es, dass über 80 % der Teilnehmer der Ansicht sind, auch ohne Kenntnis der Akten über die wichtigsten Inhalte des jeweiligen Strafverfahrens im Bilde zu sein.

Wie bereits erwähnt, ist die Frage nach einem Recht der Schöffen auf Aktenkenntnis Gegenstand lange anhaltender Diskussionen.[102] Die neuere Kommentarliteratur befürwortet inzwischen mehrheitlich ein jedenfalls beschränktes Recht auf Akteneinsicht.[103] Wie die forensische Praxis in dieser Frage in der Regel verfährt, erscheint unklar. Zu beachten ist, dass der Wortlaut der hier gestellten Frage nicht auf die Meinung der Schöffen zu einem Recht auf Akteneinsicht abzielt, sondern sich auf den Überblick der Schöffen über die Sachverhalte „auch ohne Kenntnis der Akten" beschränkt. Es ist gut möglich, dass die meisten Schöffen eine anders formulierte Aussage zum gleichen Thema mehrheitlich abgelehnt hätten (z. B. „Ich hatte das Gefühl, das Lesen der Verfahrensakten hätte keinen relevan-

100 Siehe z. B. *Nowak*, 2006, S. 459, *Schäfer*, 1932, S. 196 und *Terhorst*, 1988, S. 809; vgl. auch oben Fn. 55.

101 *Klausa*, 1972, S. 81, *Lennartz*, 2016, S. 273 ff. und *Rennig*, 1993, S. 508 ff.

102 Siehe z. B. *Börner*, 2010, S. 157 (181), *Hillenkamp*, 1998, S. 1443 ff., *Nowak*, 2006, S. 459, *Rönnau*, 2016, S. 299 ff., *Rönnau*, 2018, S. 368, *Satzger*, 2011, S. 518 (523 f.), *Schmidt*, 2018, S. 52 ff. und *Terhorst*, 1988, S. 809.

103 Siehe z. B. *Barthe* in: KK-StPO 9. Aufl. 2023, § 30 GVG Rn. 2, *Cirener* in: BeckOK-StPO 45. Ed. 1.10.2022, § 31 Rn. 3.1, *Goers* in: BeckOK-GVG 17. Ed. 15.11.2022, § 30 Rn. 3 und *Schuster* in: MüKo-StPO 1. Aufl. 2018, § 30 GVG Rn. 8.

ten Mehrwert für Schöffen geboten" oder gar „Ich bin der Ansicht, Schöffen sollten kein Recht auf Einsicht in die Verfahrensakten haben").

f) „Ich habe mich in meiner Funktion als Schöffe/Schöffin oft überfordert gefühlt." (N = 8617)

Tabelle 15. Verteilung der Antworten auf Frage 7f (Überforderung).

Antwort	**Anzahl der Antworten**	**Anteil in Prozent**
trifft zu	54	0,6
trifft eher zu	223	2,6
trifft eher nicht zu	1461	17,0
trifft nicht zu	6821	79,2
keine Angabe	58	0,7

Eine häufige Überforderung mit den Aufgaben des Schöffenamts wurde nur vereinzelt berichtet. Nur rund 3 % der Teilnehmer gaben (tendenziell) zu, sich als Schöffe oft überfordert gefühlt zu haben. Diese positive Selbsteinschätzung überrascht insbesondere vor dem Hintergrund zunehmend komplexer werdender Verfahren, etwa im Wirtschaftsstrafrecht. So war *Volk* bereits im Jahre 1982 der Ansicht, die Fälle in den Wirtschaftskammern seien „so schwierig, daß man den ausgebildeten Juristen durch assistierende Fachleute wie Buchprüfer und Betriebswirte überhaupt erst in die Lage versetzen mußte, sie aufzuklären".[104] In einer Befragung aus dem Jahr 1993 zeigte sich, dass viele ehrenamtliche Richter nur über erstaunlich begrenzte Rechtskenntnisse verfügten;[105] zudem hatten viele der befragten Schöffen offenbar Schwierigkeiten, dem Inhalt der Verhandlungen zu folgen.[106] In den seither vergangenen 40 Jahren dürfte die Komplexität der Verfahren auch abseits der Wirtschaftsstrafkammern nicht abgenommen haben. Da allein in diesen Wirtschaftsstrafkammern schon 8 % der Befragten tätig waren (s. Frage 6), liegt es nahe, dass sich in Wirklichkeit mehr als 3 % der Schöffen regelmäßig überfordert gefühlt haben könnten. Demgegenüber hat eine jüngere Befragung ergeben, dass sich selbst zu Beginn der Tätigkeit nur 21 % der Jugendschöffen überfordert gefühlt haben.[107]

104 *Volk*, 1982, S. 381.
105 *Rennig*, 1993, S. 501 ff.
106 *Rennig*, 1993, S. 532 ff.
107 *Lennartz*, 2016, S. 247.

g) „Ich habe mich in meiner Funktion als Schöffe/Schöffin oft überflüssig gefühlt." (N = 8616)

Tabelle 16. Verteilung der Antworten auf Frage 7g (Überflüssigkeit des Tuns).

Antwort	Anzahl der Antworten	Anteil in Prozent
trifft zu	233	2,7
trifft eher zu	821	9,5
trifft eher nicht zu	2192	25,4
trifft nicht zu	5313	61,7
keine Angabe	57	0,7

Auch stimmten mit 2,7 % nur wenige Befragte der Aussage zu, sich in ihrer Funktion als Schöffe oft überflüssig gefühlt zu haben. Im Gegensatz dazu erlebten sich mehr als 60 % in ihrer Rolle als ganz und gar nicht überflüssig. Somit widerspricht die Mehrheit der Schöffen im Kontext der Diskussion über die Sinnhaftigkeit ihres Amtes[108] denjenigen Stimmen, die in ihnen, pointiert formuliert, nichts weiter als eine „blinde Kontrollinstanz ohne Zukunft"[109] sehen.

h) „In Beratungen habe ich ausreichend Gelegenheit gehabt, meine Meinung einzubringen." (N = 8617)

Tabelle 17. Verteilung der Antworten auf Frage 7h (Mitsprachemöglichkeit).

Antwort	Anzahl der Antworten	Anteil in Prozent
trifft zu	5690	66,0
trifft eher zu	2396	27,8
trifft eher nicht zu	398	4,6
trifft nicht zu	90	1,0
keine Angabe	43	0,5

108 Siehe z. B. *Benz*, 1982, S. 109 ff., *Hillenkamp*, 1998, S. 1438, *König*, 2009, S. 629 ff., *Lilie*, 2002, S. 315, *Ludewig/Angehrn-Guggenbühl*, 2009, S. 32 (37), *Rönnau*, 2016, S. 302 ff., *Rönnau*, 2018, S. 367, *Satzger*, 2011, S. 518 (519 f.) und *Volk*, 1982, S. 389.

109 *Lilie*, 2002, S. 315.

i) „In Beratungen habe ich häufig eine andere Meinung vertreten als die Berufsrichter/-innen." (N = 8616)

Tabelle 18. Verteilung der Antworten auf Frage 7i (divergierende Meinung).

Antwort	Anzahl der Antworten	Anteil in Prozent
trifft zu	150	1,7
trifft eher zu	1128	13,1
trifft eher nicht zu	5456	63,3
trifft nicht zu	1774	20,6
keine Angabe	108	1,3

Während die meisten Schöffen angaben, in Beratungen ausreichend Gelegenheit gehabt zu haben, ihre Meinung einzubringen (s. Frage 7h, 66,0 % „trifft zu", 27,8 % „trifft eher zu"),[110] fällt in Frage 7i auf, dass die Meinungen der Schöffen eher selten von denen der Berufsrichter abzuweichen scheinen. Dieses Ergebnis weist auf eine weitgehende Übereinstimmung zwischen Berufs- und Laienrichtern hin und deckt sich mit älteren Befunden, nach denen Meinungsverschiedenheiten zwischen Laien- und Berufsrichtern eher die Ausnahme als die Regel darstellen.[111]

j) „Ich hatte als Schöffe/Schöffin in der Regel die Möglichkeit, einen wirklichen Einfluss auf das Urteil auszuüben." (N = 8617)

Tabelle 19. Verteilung der Antworten auf Frage 7j (Einflussmöglichkeit).

Antwort	Anzahl der Antworten	Anteil in Prozent
trifft zu	2317	26,9
trifft eher zu	3987	46,3
trifft eher nicht zu	1686	19,6
trifft nicht zu	383	4,4
keine Angabe	244	2,8

Etwas heterogener, aber ebenfalls recht positiv, fiel die Einschätzung der Schöffen gegenüber der Möglichkeit aus, regelmäßig einen wirklichen Ein-

110 Auch in *Lennartz*, 2016, S. 279 ff. zeigte sich per Selbsteinschätzung eine hohe Aktivität der Jugendschöffen in Beratungen.

111 Siehe *Casper/Zeisel*, 1979, S. 41, *Machura*, 2001a, S. 451 (463 f.) und *Rennig*, 1993, S. 554 ff.

fluss auf das Urteil auszuüben. Nur rund ein Viertel der Befragten stufte die entsprechende Aussage als eher nicht bzw. nicht zutreffend ein. Diese Ergebnisse stimmen gut mit den Antworten von Jugendschöffen auf eine ähnliche Frage in einer jüngeren Untersuchung von *Lennartz* überein.[112] Dabei wurde gefragt, inwieweit die Schöffen die Meinungen der Berufsrichter beeinflussen würden. Allerdings wich die Einschätzung der Berufsjuristen bei dieser Frage substanziell von derjenigen der Laienrichter ab. Objektiver als die Selbsteinschätzungen der Schöffen dürften hier die Ergebnisse der etwas älteren Untersuchungen von *Casper* und *Zeisel* sowie von *Rennig* sein, in denen auch der Ausgang der Verfahren berücksichtigt wurde. Deren Resultate deuten, wie bereits erwähnt, auf einen eher begrenzten Einfluss der Schöffen auf das Urteil hin.[113] Womöglich gelingt es den Berufsrichtern auch, den Eindruck zu vermitteln, dass die Schöffen in der Regel einen Einfluss auf das Urteil besitzen, selbst wenn dies realiter nicht immer der Fall sein mag.

k) „Als Schöffe/Schöffin habe ich mich durch die vorsitzenden Richter/-innen als gleichwertig akzeptiert gefühlt." (N = 8617)

Tabelle 20. Verteilung der Antworten auf Frage 7k (Akzeptanz).

Antwort	Anzahl der Antworten	Anteil in Prozent
trifft zu	3792	44,0
trifft eher zu	3393	39,4
trifft eher nicht zu	1071	12,4
trifft nicht zu	266	3,1
keine Angabe	95	1,1

112 *Lennartz*, 2016, S. 292.
113 *Casper/Zeisel*, 1979, S. 11 ff., 84 und *Rennig*, 1993, S. 558.

l) „Ich habe Wertschätzung durch die Berufsrichter/-innen erfahren.“ (N = 8617)

Tabelle 21. Verteilung der Antworten auf Frage 7l (Wertschätzung durch die Berufsrichter).

Antwort	Anzahl der Antworten	Anteil in Prozent
trifft zu	4827	56,0
trifft eher zu	2848	33,1
trifft eher nicht zu	646	7,5
trifft nicht zu	143	1,7
keine Angabe	153	1,8

Nur eine Minderheit der interviewten Schöffen empfand, in der Vergangenheit durch die Berufsrichter schlecht behandelt worden zu sein; eine große Mehrheit stimmte den Aussagen der Fragen 7k und l (eher) zu. Die weitaus meisten Berufsrichter scheinen also zu erreichen, dass sich die Schöffen durch sie als gleichwertig akzeptiert wahrgenommen und wertgeschätzt fühlen. Vor dem Hintergrund anderer Untersuchungen ist dies kein selbstverständliches Resultat: So kam *Benz* in einer Zusammenschau empirischer Literatur insgesamt zu dem Schluss, das Verhältnis zwischen Laien- und Berufsrichtern sei durch eine „bewusst ausgespielte Überlegenheit der Berufsrichter“ geprägt.[114] Auch in der Befragung von *Machura* zeigten sich Schöffen bisweilen gekränkt ob der Behandlung durch die Berufsrichter: „Die Richter sollten die Schöffen ernst nehmen, insbesondere in Beratungen, fragen und reden lassen. Insbesondere bei den Landgerichten werden sie oft wie Luft behandelt“.[115] In den von *Lennartz* geführten Interviews mit Jugendschöffen wurde mehrfach unterstrichen, wie stark die widerfahrene Wertschätzung von den verschiedenen Jugendrichtern abhänge.[116] Einige der Befragten bekamen den Eindruck, „der Willkür“ der Jugendrichter ausgesetzt und ihnen „ein ‚lästiges Übel‘“ gewesen zu sein.[117] In einer anderen älteren empirischen Erhebung wurden dagegen fast ausschließlich positive

114 *Benz*, 1982, S. 114 ff.

115 *Machura*, 2001b, S. 204. Auch die Untersuchung von *Klausa*, 1972, S. 65, ergab, dass die Schöffen an den Landgerichten weniger wertgeschätzt wurden als an den Amtsgerichten.

116 *Lennartz*, 2016, S. 309.

117 *Lennartz*, 2016, S. 310.

Eindrücke der Schöffen über die Zusammenarbeit mit den Berufsrichtern berichtet.[118]

m) „Ich habe Wertschätzung durch die Vertreter/-innen der Staatsanwaltschaft erfahren." (N = 8617)

Tabelle 22. Verteilung der Antworten auf Frage 7m (Wertschätzung durch die Staatsanwaltschaft).

Antwort	Anzahl der Antworten	Anteil in Prozent
trifft zu	2364	27,4
trifft eher zu	2493	28,9
trifft eher nicht zu	1305	15,1
trifft nicht zu	709	8,2
keine Angabe	1746	20,3

n) „Ich habe Wertschätzung durch die Verteidiger/-innen erfahren." (N = 8617)

Tabelle 23. Verteilung der Antworten auf Frage 7n (Wertschätzung durch die Strafverteidigung).

Antwort	Anzahl der Antworten	Anteil in Prozent
trifft zu	1821	21,1
trifft eher zu	2721	31,6
trifft eher nicht zu	1523	17,7
trifft nicht zu	788	9,1
keine Angabe	1764	20,5

Etwas zurückhaltender waren die Schöffen bei der Bewertung der Wertschätzung, die sie durch Staatsanwälte und Verteidiger erfahren haben, wobei auch hier überwiegend der Eindruck eines wohlwollenden Umgangs vorherrscht. Zu beachten ist mit jeweils rund einem Fünftel der relativ hohe Anteil ausweichender Antworten („keine Angabe"). Diese Abstinenz dürfte darauf zurückzuführen sein, dass die Schöffen mit Staatsanwaltschaft und

118 *Klausa*, 1972, S. 72.

Verteidigung deutlich weniger interagieren als mit Berufsrichtern (vgl. auch die Regelung in § 238 Abs. 1 StPO).[119]

Frage 8: Wie schätzen Sie rückblickend insgesamt die Urteile in den Verfahren ein, an denen Sie als Schöffe/Schöffin mitgewirkt haben? (N = 8620)

Tabelle 24. Verteilung der Antworten auf Frage 8 (Einschätzung der Urteile).

Antwort	Anzahl der Antworten	Anteil in Prozent
zu hart	11	0,1
eher hart	136	1,6
angemessen	5969	69,2
eher milde	2106	24,4
zu milde	300	3,5
keine Angabe	98	1,1

Mit knapp 70 % schätzte der Großteil der Schöffen die Urteile in den Verfahren, an denen sie selbst mitgewirkt haben, als angemessen ein. Daneben befand allerdings fast jeder vierte Teilnehmer die Urteile als „eher milde". Die Meinung, die erlebten Urteile seien „eher" oder „zu hart" gewesen, wurde mit insgesamt unter 2 % Zustimmung nur selten vertreten.

Diese Ergebnisse haben über das Thema der Rolle der Schöffen im Strafprozess hinaus Bedeutung. Denn nicht selten suggeriert die veröffentlichte Meinung, insbesondere in der Boulevardpresse, die deutsche Strafgerichtbarkeit würde zu milde urteilen oder sich gar in Richtung einer „Kuscheljustiz" bewegen.[120] Damit verknüpft, wird – quasi in logischer

119 Ganz generell spricht die relativ häufige Wahl der Antwortmöglichkeit „keine Angabe" bei den Fragen 7m und l für eine seriöse Bearbeitung des Fragebogens.

120 So z. B. die folgenden Medienberichte/Blogbeiträge: *Bild*, „Kuschel-Justiz gibt mir einen weiteren Tritt ins Gesicht": Markus P. wurde fast totgetreten, 2011, https://www.bild.de/news/inland/koerperverletzung/kuschel-justiz-gibt-mir-einen-tritt-ins-gesicht-17630276.bild.html (abgerufen am 17.3.2023), *Bildblog./Tschermak*, Wie „Bild" eine Kuscheljustiz für Vergewaltiger konstruiert, 2020, https://bildblog.de/118604/wie-bild-eine-kuscheljustiz-fuer-vergewaltiger-konstruiert/ (abgerufen am 17.3.2023), *Focus*, Jetzt spricht Tugces Bruder: „Das Jugendstrafrecht ist Kuscheljustiz", 2015, https://www.focus.de/panorama/welt/bei-stern-tv-jetzt-spricht-tugces-bruder-das-jugendstrafrecht-ist-kuscheljustiz_id_4758421.html (abgerufen am 17.3.2023) und *Russlanddeutsche für die AfD NRW/Schmidt*, Kuscheljustiz: Die deutsche Justiz

Konsequenz – zumeist ein „härteres Durchgreifen" in Form höherer Strafen gefordert. Diese Forderungen finden auch in der Bevölkerung Anklang. So stimmten im jüngsten „*Roland Rechtsreport*" im November 2022 jeweils rund die Hälfte der Befragten den Aussagen „Gegenüber jugendlichen Straftätern müssten die Gerichte härter durchgreifen" (52 %) und „Die Urteile der deutschen Gerichte sind oft zu milde" (45 %) zu.[121] Gemessen an diesen Ergebnissen, stellen die an der Sanktionsfindung unmittelbar beteiligten Schöffen den Urteilen der Gerichte ein besseres Zeugnis aus als die Allgemeinbevölkerung.[122] Über die Gründe für diesen interessanten Befund kann nur gemutmaßt werden. Zum einen werden Schöffen eher Skrupel haben, Urteile, an denen sie selbst mitgewirkt haben, als nicht angemessen einzustufen. Zum anderen dürften die Schöffen durch ihre ehrenamtliche Tätigkeit mit der Strafrechtspflege besser vertraut sein, als das bei beliebigen anderen Personen aus der Mitte des Volkes der Fall ist. Schließlich kann der unmittelbare Kontakt zu straffällig gewordenen Menschen (ganz im Sinne der „Kontakthypothese" nach *Allport*)[123] zu einem besseren Verständnis dafür beitragen, welche immense Tragweite auch eine vermeintlich „milde" Strafe für einen davon betroffenen Straftäter haben kann.

Dennoch bleibt festzuhalten, dass die Teilgruppe der Schöffen, die die Urteile nicht für „angemessen" erachtete, sich eher für härtere denn für

---

ist mit der Konfrontation mit fremden Kulturen überfordert, 2017, https://russlanddeutsche-afd.nrw/aktuelles/2017/05/kuscheljustiz/ (abgerufen am 17.3.2023). Zu einschlägigen (populär-)wissenschaftlichen Publikationen siehe z. B.: *Burow*, Justiz am Abgrund, 2018, S. 59 ff., *Holste*, RuP 2013, S. 159 und *Kinzig*, Noch im Namen des Volkes? – Über Verbrechen und Strafe, 2020.

121 *IfD Allensbach/Roland Rechtsschutz*, Roland Rechtsreport 2023: Einstellung der Bevölkerung zum deutschen Justizsystem und zur außergerichtlichen Konfliktlösung, 2023, S. 17 f.

122 Vergleiche von Ergebnissen verschiedener Umfragen sind bei abweichenden Frageformulierungen und -methoden grundsätzlich mit Vorsicht zu interpretieren. Ein Vergleich der Ergebnisse des *Roland Rechtsreport* mit den Antworten der Schöffen auf Frage 8 erscheint aufgrund der Ähnlichkeit der gestellten Fragen und der thematischen Einschlägigkeit dennoch sinnvoll.

123 Diese besagt, dass regelmäßige Kontakte zwischen Bevölkerungsgruppen dazu dienen können, gegenseitige Vorurteile abzubauen (s. *Allport*, The Nature of Prejudice, 1954). Dieser Theorie zufolge sind etwa Vorurteile gegenüber einer ethnischen Minderheit in Regionen besonders präsent, in denen nur wenige Angehörige dieser Minderheit leben; die Vorurteile können durch mangelnde Kontakte nicht korrigiert werden. Im Fall der Schöffen könnte ein regelmäßiger Kontakt mit dem Rechtssystem und den Angeklagten dazu führen, die weit verbreitete Vorstellung (oder das weit verbreitete Vorurteil?) der „Kuscheljustiz" abzuschwächen.

mildere Strafen ausspricht. Interessant ist in diesem Zusammenhang ein Rückblick auf die Ergebnisse älterer Schöffenbefragungen. Noch im letzten Jahrhundert war ein derartiger Trend hin zur Favorisierung härterer Strafen nicht zu erkennen. Im Gegenteil: In keiner der Erhebungen von *Casper* und *Zeisel*, *Klausa* oder *Rennig* ist diese Tendenz erkennbar; die Schöffen waren damals im Ansatz sogar eher der Auffassung, die Urteile fielen (zu) hart aus.[124] Ein zunehmender Trend zur Punitivität wurde auch in Studentenbefragungen an der Universität Erlangen-Nürnberg festgestellt, die in den Jahren 1989 bis 2012 durchgeführt wurden. Demnach stieg der Anteil der Jurastudenten, der scharfe Sanktionen befürwortet, sukzessive an.[125] Es zeigte sich gar eine über die Jahre zunehmende Offenheit für die Wiedereinführung der Todesstrafe.[126] Woher dieser Einstellungswandel rührt, ist schwer zu beantworten.[127]

Bei genauerer Betrachtung der Antwortmuster zeigt sich, dass die Ansichten der befragten Schöffen zur Fairness der Urteile kaum nach den jeweiligen Gerichten oder Spruchkörpern variieren. So ähneln sich die Antworten der Schöffen sehr, unabhängig davon, ob sie ausschließlich am Amts- oder Landgericht tätig sind oder waren (s. Tabelle 25). Auch beim Vergleich der Jugend- und Erwachsenenschöffen (jeweils einschließlich der Jugendhilfsschöffen bzw. Hilfsschöffen) liegen keine auffälligen Unterschiede vor (s. Tabelle 26).

124 Siehe *Casper/Zeisel*, 1979, S. 43 ff., *Klausa*, 1972, S. 59 ff. und *Rennig*, 1993, S. 504 ff.

125 *Streng*, Kriminalitätswahrnehmung und Punitivität im Wandel – Kriminalitäts- und berufsbezogene Einstellungen junger Juristen, 2014, S. 44, 52.

126 *Streng*, 2014, S. 60.

127 *Streng* führt als möglichen Erklärungsansatz unter anderem eine zunehmend reißerische Berichterstattung der Medien über Kriminalität an (*Streng*, 2014, S. 76 ff.). Auch zieht er internationale Trends und Enttäuschungen über den Ansatz der Resozialisierung als bedeutsame Einflussfaktoren in Erwägung (*Streng*, 2014, S. 80); vgl. auch *Streng*, ZStW 134 (2022), S. 877 (921 ff.) mit Vorschlägen, wie zu einer Reduzierung punitiver Forderungen beigetragen werden kann.

Tabelle 25. Verteilung der Antworten auf Frage 8 nach Spruchkörper (Amts- bzw. Landgericht).

Spruchkörper	zu hart	eher hart	angemessen	eher milde	zu milde	keine Angabe
Amtsgericht (N = 3341)	0,1 %	1,2 %	68,7 %	25,1 %	3,7 %	1,1 %
Landgericht (N = 4145)	0,2 %	2,0 %	69,6 %	23,6 %	3,3 %	1,3 %

Tabelle 26. Verteilung der Antworten auf Frage 8 nach Schöffenart (Jugend- bzw. Erwachsenenschöffen).

Schöffenart	zu hart	eher hart	angemessen	eher milde	zu milde	keine Angabe
Jugendschöffen (N = 1694)	0,2 %	1,2 %	69,1 %	24,0 %	4,0 %	1,5 %
Erwachsenenschöffen (N = 6393)	0,1 %	1,7 %	69,5 %	24,3 %	3,3 %	1,0 %

Um einen möglichen Einfluss der Erfahrung der Schöffen auf die Bewertung der Urteile zu prüfen, wurden die Schöffen zudem in zwei Gruppen unterteilt. Als objektiver Maßstab für die Erfahrung der Schöffen wurde die angegebene Anzahl der Verfahren, an denen sie bereits mitgewirkt hatten, herangezogen. Da Schöffen am Amtsgericht jedoch mehr Strafverfahren miterleben als Schöffen am Landgericht (s. Frage 4), orientierte sich das Kriterium an dem jeweiligen Median der angegebenen Strafverfahren (dieser beträgt 12,0 für Schöffen am Amtsgericht und 9,0 für solche am Landgericht). Diejenigen ehrenamtlichen Richter, die bereits an mehr Strafverfahren als dem jeweiligen Median mitgewirkt haben, wurden als „erfahrenere", jene mit weniger Strafverfahren als dem Median als „unerfahrenere" Schöffen klassifiziert. Zwischen „erfahreneren" und „unerfahreneren" Schöffen zeigen sich allerdings – im Widerspruch zur „Kontakthypothese" nach *Allport* – keine auffälligen Unterschiede in Bezug auf die Bewertung der Urteile (s. Tabelle 27).

Tabelle 27. Verteilung der Antworten auf Frage 8 nach Erfahrung der Schöffen (über- bzw. unterdurchschnittlich viele miterlebte Strafverfahren).

Erfahrung	**zu hart**	**eher hart**	**angemessen**	**eher milde**	**zu milde**	**keine Angabe**
Erfahrener (N = 3598)	0,0 %	1,4 %	68,6 %	25,8 %	3,6 %	0,6 %
Unerfahrener (N = 3648)	0,3 %	1,9 %	70,1 %	22,6 %	3,4 %	1,7 %

In den verschiedenen Bundesländern finden sich durchaus Schwankungen bei der Zufriedenheit der Schöffen mit den Urteilen (s. Tabelle 28). So beurteilten viele Schöffen in den Bundesländern Bremen (38,4 %), Berlin (34,7 %), Mecklenburg-Vorpommern (33,3 %) und Brandenburg (33,0 %) die Urteile als „eher" bzw. „zu milde". In den Ländern Bayern (73,7 %), Rheinland-Pfalz (73,4 %), und dem Saarland (73,0 %) halten dagegen vergleichsweise viele Schöffen die Urteile für angemessen. Dies ist insofern bemerkenswert, als der bayerischen Strafjustiz landläufig eine „härtere Gangart" attestiert wird. Die Ergebnisse aus Bundesländern mit niedrigen Rücklaufquoten, wie Berlin oder Mecklenburg-Vorpommern, sind dabei selbstverständlich mit Vorsicht zu interpretieren.

Tabelle 28. Verteilung der Antworten auf Frage 8 nach Bundesländern.

Bundesland	zu hart	eher hart	ange-messen	eher milde	zu milde	keine Angabe
Baden-Württemberg (N = 980)	0,1 %	1,8 %	70,1 %	24,3 %	3,1 %	0,6 %
Bayern (N = 2003)	0,1 %	1,8 %	73,7 %	20,8 %	2,6 %	1,0 %
Berlin (N = 92)	0,0 %	2,2 %	60,9 %	29,3 %	5,4 %	2,2 %
Brandenburg (N = 221)	0,0 %	0,5 %	65,2 %	30,3 %	2,7 %	1,4 %
Bremen (N = 78)	0,0 %	1,3 %	60,3 %	34,6 %	3,8 %	0,0 %
Hamburg (N = 722)	0,7 %	3,3 %	69,4 %	22,3 %	3,3 %	1,0 %
Hessen (N = 579)	0,2 %	1,0 %	66,3 %	27,3 %	4,1 %	1,0 %
Mecklenburg-Vorpommern (N = 45)	0,0 %	0,0 %	64,4 %	28,9 %	4,4 %	2,2 %
Niedersachsen (N = 1013)	0,0 %	1,4 %	67,9 %	25,7 %	3,8 %	1,3 %
Nordrhein-Westfalen (N = 1265)	0,0 %	0,8 %	66,1 %	28,1 %	3,6 %	1,4 %
Rheinland-Pfalz (N = 286)	0,3 %	0,7 %	73,4 %	19,9 %	2,8 %	2,8 %
Saarland (N = 152)	0,7 %	0,7 %	73,0 %	23,0 %	1,3 %	1,3 %
Sachsen (N = 702)	0,0 %	1,4 %	66,2 %	26,6 %	4,6 %	1,1 %
Sachsen-Anhalt (N = 125)	0,0 %	2,4 %	68,0 %	20,8 %	8,0 %	0,8 %
Schleswig-Holstein (N = 259)	0,0 %	2,7 %	69,5 %	21,6 %	5,4 %	0,8 %
Thüringen (N = 98)	0,0 %	1,0 %	71,4 %	22,4 %	4,1 %	1,0 %

Da zu vermuten ist, dass bei gesellschaftspolitisch relevanten Fragen – wie der nach der Angemessenheit der Urteile – auch demographische Variablen einen Einfluss haben, wurden zudem die Antwortverteilungen nach Geschlecht, Alter und Bildung analysiert. Hinsichtlich des Alters zeigt sich ein recht klares Muster: Mit steigendem Alter werden die Urteile zunehmend als angemessener empfunden, während in jüngeren Altersgruppen häufiger auch „extremere" Antwortoptionen („zu/eher hart" und „zu/eher milde") ausgewählt wurden (s. Tabelle 29). Dies ist durchaus überraschend, wenn man von einem Klischee der Befürwortung einer „alten Schule" ausgeht, demzufolge ältere Menschen strenge Konsequenzen und „Denkzettel" als besonders effektiv beurteilen. Möglicherweise sind ältere Schöffen aufgrund ihrer Berufs- und Lebenserfahrung auch pragmatischer als ihre jüngeren Kollegen und finden sich eher mit dem gerichtlichen Urteil, an dem sie mitgewirkt haben, ab. Vielleicht blicken ältere Schöffen aber auch mit mehr Milde auf die Verfehlungen zumeist jüngerer Straftäter, da sie sich der Veränderungen der Persönlichkeit im Zuge der menschlichen Reifeprozesse bewusster sind als ihre jüngeren Kollegen.

Tabelle 29. Verteilung der Antworten auf Frage 8 nach Altersgruppen.

Altersgruppe	zu hart	eher hart	angemessen	eher milde	zu milde	keine Angabe
30 oder jünger (N = 94)	0,0 %	6,4 %	58,5 %	22,3 %	7,4 %	5,3 %
31–35 (N = 321)	1,2 %	2,8 %	59,8 %	29,9 %	5,3 %	0,9 %
36–40 (N = 435)	0,2 %	2,3 %	63,9 %	27,6 %	5,1 %	0,9 %
41–45 (N = 600)	0,0 %	1,8 %	67,2 %	26,2 %	3,5 %	1,3 %
46–50 (N = 701)	0,0 %	1,6 %	68,0 %	24,5 %	4,1 %	1,7 %
51–55 (N = 1203)	0,2 %	1,7 %	69,3 %	23,9 %	4,1 %	0,8 %
56–60 (N = 1500)	0,0 %	1,1 %	69,9 %	24,3 %	3,6 %	1,1 %
61–65 (N = 1449)	0,1 %	1,6 %	71,6 %	23,2 %	2,2 %	1,4 %
66–70 (N = 1201)	0,1 %	1,3 %	71,8 %	23,3 %	2,9 %	0,6 %
71 oder älter (N = 268)	0,0 %	0,7 %	75,0 %	21,6 %	1,5 %	1,1 %
keine Angabe (N = 19)	0,0 %	0,0 %	68,4 %	15,8 %	15,8 %	0,0 %

Die Geschlechter „männlich“ und „weiblich“ unterscheiden sich dagegen in ihrem Antwortverhalten kaum voneinander (s. Tabelle 30).[128] Auch ist kein eindeutiger „Bildungseffekt“ zu erkennen (s. Tabelle 31), obwohl Teilnehmer mit zunehmend höherer Bildung tendenziell häufiger die Optionen „zu hart“ bzw. „eher hart“ auswählten.

128 Da nur sehr wenige Schöffen eine non-binäre Geschlechtsidentität angaben, wurden deren Angaben nicht gesondert interpretiert.

Tabelle 30. Verteilung der Antworten auf Frage 8 nach Geschlecht.

Geschlecht	zu hart	eher hart	angemessen	eher milde	zu milde	keine Angabe
männlich (N = 4314)	0,1 %	1,7 %	68,9 %	24,1 %	4,4 %	0,9 %
weiblich (N = 3424)	0,1 %	1,5 %	69,9 %	24,7 %	2,5 %	1,4 %
divers (N = 10)	10,0 %	10,0 %	70,0 %	10,0 %	0,0 %	0,0 %
keine Angabe (N = 43)	2,3 %	0,0 %	62,8 %	25,6 %	2,3 %	7,0 %

Tabelle 31. Verteilung der Antworten auf Frage 8 nach dem höchsten Bildungsniveau.

Bildung	zu hart	eher hart	angemessen	eher milde	zu milde	keine Angabe
Haupt-/Volksschulabschluss (N = 440)	0,0 %	0,5 %	71,6 %	22,7 %	4,5 %	0,7 %
Realschulabschluss/ Mittlere Reife (N = 1834)	0,1 %	0,9 %	70,6 %	24,3 %	3,6 %	0,7 %
Fach-/Hochschulreife (N = 1644)	0,0 %	1,6 %	67,6 %	25,3 %	4,2 %	1,2 %
Abgeschlossenes Fach-/ Hochschulstudium (N = 3782)	0,2 %	2,1 %	69,2 %	24,2 %	3,0 %	1,4 %
keine Angabe (N = 91)	1,1 %	1,1 %	68,1 %	22,0 %	6,6 %	1,1 %

3. Einschätzung der Absprachepraxis

Zu Beginn des dritten Umfrageblocks wurde den Befragungsteilnehmern der folgende Hinweis präsentiert:

„Im Folgenden wird von Absprachen die Rede sein. Der Ausdruck Absprache gilt hier als Oberbegriff für sämtliche Absprachen zwischen den Verfahrensbeteiligten (Gericht, Staatsanwaltschaft und Verteidigung/Angeklagte/r). Damit sind also sowohl Absprachen gemeint, die den gesetzlichen Regelungen in der StPO entsprechen (§ 257c StPO verwendet dafür den Ausdruck „Verständigung“), als auch solche, bei denen nicht alle gesetzlichen Regelungen eingehalten werden (sog. „informelle Absprachen“ oder

„informelle Deals"). Im Rahmen von Absprachen verhandeln die Verfahrensbeteiligten gemeinsam über den Fortgang und das Ergebnis des Verfahrens – mit dem Ziel, eine konkrete Vereinbarung zu treffen. So kann sich z. B. darauf geeinigt werden, dass im Falle eines Geständnisses des/der Angeklagten eine gewisse Höchststrafe nicht überschritten oder dass die Strafe zur Bewährung ausgesetzt werden wird. Absprachen kommen vor allem in und außerhalb der Hauptverhandlung vor, können aber auch schon davor getroffen werden."

Die Schöffen wurden also nicht getrennt zu informellen Absprachen und Verständigungen befragt. Dies erschien nicht zielführend, da aufgrund der Komplexität der gesetzlichen Regelungen nicht damit gerechnet werden konnte, dass Schöffen beurteilen können, wann eine Absprache durch die Regelungen zur Verständigung gedeckt ist und wann sie gegen selbige verstößt. Stattdessen wurden bestimmte Fragen aufgenommen, aus deren Antworten indirekt auf den Abschluss einer informellen Absprache geschlossen werden kann. So wurde etwa in Frage 18 nach konkreten Inhalten entsprechender Absprachen gefragt. Dabei wurden auch Antworten zur Option gestellt, die nach § 257c und § 302 Abs. 1 S. 2 StPO nicht Teil einer Verständigung sein dürfen.

Frage 9: Was schätzen Sie: Bei wie vielen der x[129] Strafverfahren, an denen Sie seit 2014 beteiligt waren, ist es zu einer Absprache zwischen den Verfahrensbeteiligten gekommen? (N = 8321; Zahleneingabe)

Im Durchschnitt gaben die Schöffen an, es sei seit dem Jahr 2014 in 3,6 derjenigen Strafverfahren, an denen sie beteiligt waren, zu einer Absprache gekommen (Median: 2,0 Absprachen). Wie bereits bei den Antworten auf die Frage 4 nach der Anzahl der Strafverfahren, an denen die Schöffen mitgewirkt haben, ist auch hier eine beträchtliche Streuung im Vergleich zum arithmetischen Mittelwert festzustellen (Standardabweichung: 5,4). 1953 und damit fast ein Viertel (23,5 %) der Befragten waren nach eigenem Bekunden zum Zeitpunkt der Umfrage noch an keinen Verfahren mit einer Absprache beteiligt. Der höchste auf die Frage genannte Wert lag bei immerhin 70 Absprachen. Auch hier wurden wieder vermehrt „runde Häufigkeiten" (5, 10, 15, 20 Absprachen) als Antworten angegeben (s. Abbildung 7

129 An dieser Stelle wurde jeweils die Zahl eingeblendet, die die Befragten zuvor bei Frage 4 eingegeben hatten. Diese Zahl „x" bildete gleichzeitig den Höchstwert, der als Eingabe akzeptiert wurde.

oben). Das Verhältnis der Verfahren mit Absprachen zu allen Strafverfahren der Laienrichter beträgt aggregiert über alle Teilnehmer 0,24. Das bedeutet, dass immerhin in etwa jedem vierten Strafverfahren, welches die Schöffen miterlebten, ihrem Eindruck nach eine Absprache erfolgte.

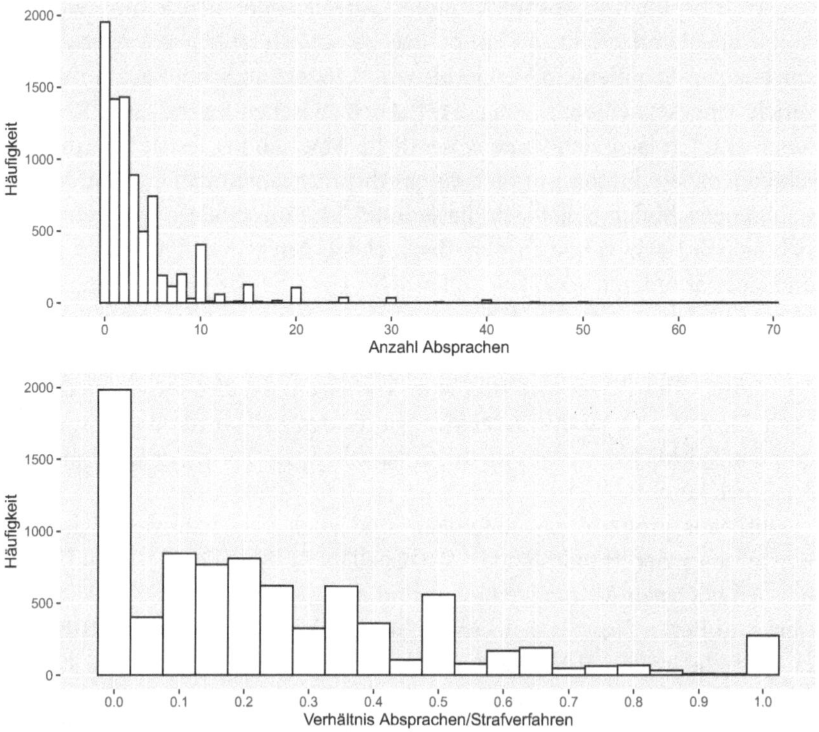

Abbildung 7. Oben: Histogramm der geschätzten Anzahl von Absprachen, die in Strafverfahren vorgenommen wurden, an denen die Befragten seit 2014 mitgewirkt haben. Unten: Histogramm des Verhältnisses zwischen der geschätzten Anzahl von Absprachen und der geschätzten Anzahl von Strafverfahren („Absprachequote" pro Strafverfahren).

Aufgrund der zentralen Bedeutung dieser Frage für die gesamte Untersuchung wurden auch hier tiefergehende Analysen angestellt. Als Kennwert bei der Beurteilung möglicher Einflüsse verschiedener Variablen auf die Absprachehäufigkeit wurde nicht die absolute Anzahl an Absprachen, sondern das Verhältnis der berichteten Absprachen zu allen Strafverfahren, an denen die Schöffen seit 2014 mitgewirkt haben, ausgewählt. Dies ist sinnvoll, da die Angabe der Anzahl berichteter Verfahrensabsprachen allein nicht sonderlich aufschlussreich ist. Erst durch den Bezug zur Gesamtmenge der miterlebten Verfahren ergibt sich eine informative Größe für das Ausmaß der Absprachepraxis.

Die so ermittelte „Absprachequote" unterscheidet sich kaum zwischen Amts- und Landgericht. So ergibt sich bei ausschließlich am Amtsgericht eingesetzten Schöffen ein Verhältnis von 0,25, bei ausschließlich am Landgericht eingesetzten eines von 0,24.[130] Auch zwischen Jugend- und Erwachsenenschöffen lässt sich keine wesentliche Abweichung feststellen; Jugendschöffen gaben durchschnittlich einen Absprachenanteil von 0,26 an, bei Erwachsenenschöffen belief sich dieser auf 0,24. Eine größere Differenz zeigt sich jedoch beim Vergleich der Absprachequoten von erfahreneren (0,22) und unerfahreneren (0,27) Schöffen. Die Ursache für diesen Unterschied könnte in der – nachvollziehbaren – Schwierigkeit unerfahrener Schöffen liegen, Absprachen verlässlich von anderen Vorgängen, beispielsweise von nur erörternden Vorgesprächen zum Verfahrensablauf oder Erörterungen nach § 257b StPO, zu unterscheiden. In diesem Fall würde die Absprachequote in Wirklichkeit etwas niedriger ausfallen, als das in der Umfrage zum Ausdruck kommt.

Durchaus größere Schwankungen sind auch bei einer vergleichenden Betrachtung der Bundesländer festzustellen (s. Tabelle 32). Die Länder mit den höchsten Absprachequoten sind demnach Bremen, Schleswig-Holstein und Berlin (jeweils 0,30) sowie Mecklenburg-Vorpommern (0,29). An dieser Stelle ist erneut hervorzuheben, dass bei diesem Ergebnis nicht zwischen Verständigungen gemäß § 257c StPO und informellen Absprachen unterschieden werden kann. Dennoch bietet sich ein Vergleich mit den Erkenntnissen aus der Online-Befragung in der Untersuchung von *Altenhain*, *Jahn* und *Kinzig* an. Dort gaben die befragten Richter, Staatsanwälte und Strafverteidiger aus Schleswig-Holstein (32,6 %), Berlin (25,5 %), Bayern

130 Bei der Befragung justizieller Akteure zeigten sich dagegen deutliche Unterschiede zwischen den Auftretenshäufigkeiten von Absprachen an Amts- und Landgerichten. Während an den Landgerichten demnach (formelle) Verständigungen häufiger vorkamen als an den Amtsgerichten (*Kinzig/Iberl/Koch*, 2020, S. 210), wurden informelle Absprachen häufiger von überwiegend am Amtsgericht beschäftigten justiziellen Akteuren berichtet (*Kinzig/Iberl/Koch*, 2020, S. 237 und *Altenhain/Brandt/Herbst*, 2020, S. 361). Da sich die Angaben der Schöffen sowohl auf die Häufigkeit von Verständigungen als auch auf diejenige informeller Absprachen beziehen können, ist hier kein sinnvoller Vergleich der unterschiedlichen Ergebnisse möglich.

(24,1 %) und Bremen (23,5 %) am häufigsten an, dass formelle Verständigungen „sehr häufig“ oder „häufig“ stattfänden.[131] Bei den informellen Absprachen stachen Berlin und Mecklenburg-Vorpommern (je 28,6 % „sehr häufig“ oder „häufig“) sowie Bremen und Hessen (je 19,2 %) hervor.[132] Beide Befragungen weisen demnach eine Schnittmenge an Bundesländern auf, in denen laut den jeweiligen Teilnehmern besonders viele Absprachen vorgenommen werden – ungeachtet ihrer Legalität. Diese weitgehend übereinstimmenden Ergebnisse können als Argument für die Validität beider Untersuchungen gewertet werden.

Tabelle 32. Durchschnittliches Verhältnis der Antworten auf Frage 9 (geschätzte Anzahl der Absprachen in allen Strafverfahren, an denen die Befragten seit dem Jahr 2014 mitgewirkt haben) zu den Antworten auf Frage 4 (geschätzte Anzahl aller Strafverfahren, an denen die Befragten seit dem Jahr 2014 mitgewirkt haben) nach Bundesländern.

Bundesland	**Durchschnittliches Verhältnis von Absprachen zu Strafverfahren**
Baden-Württemberg (N = 945)	0,20
Bayern (N = 1947)	0,25
Berlin (N = 88)	0,30
Brandenburg (N = 216)	0,26
Bremen (N = 69)	0,30
Hamburg (N = 686)	0,24
Hessen (N = 566)	0,22
Mecklenburg-Vorpommern (N = 43)	0,29
Niedersachsen (N = 977)	0,24
Nordrhein-Westfalen (N = 1222)	0,26
Rheinland-Pfalz (N = 271)	0,24
Saarland (N = 148)	0,28
Sachsen (N = 683)	0,27
Sachsen-Anhalt (N = 117)	0,19
Schleswig-Holstein (N = 249)	0,30
Thüringen (N = 94)	0,26

131 *Kinzig/Iberl/Koch*, 2020, S. 292.
132 *Kinzig/Iberl/Koch*, 2020, S. 297.

Frage 10: Wann fanden diese Absprachen zwischen den Verfahrensbeteiligten nach Ihrer Kenntnis in der Regel statt? (N = 6374; *Anmerkung:* Diese Frage wurde nur Personen gestellt, welche Frage 9 mindestens mit „1" beantworteten.)

Tabelle 33. Verteilung der Antworten auf Frage 10 (Zeitpunkt der Absprachen).

Zeitpunkt der Absprachen	Anzahl der Antworten	Anteil in Prozent
Vor Kenntnis vom Verfahren	943	14,8
Vor der Hauptverhandlung	795	12,5
In der Hauptverhandlung (nicht öffentlich)	3043	47,7
In der Hauptverhandlung (öffentlich)	1147	18,0
Sonstiges	192	3,0
Keine Erfahrungswerte	254	4,0

Die von ihnen erlebten Absprachen fanden laut den Schöffen zumeist in der Hauptverhandlung statt. Aber erstaunlicherweise nur knapp ein Fünftel der Befragten (18,0 %) berichtete, dass diese Absprachen, so wie es das Gesetz in § 257c StPO vorsieht, regelmäßig in öffentlicher Hauptverhandlung erfolgten.[133] In der Regel scheinen die Absprachen nach Einschätzung der Schöffen dagegen zwar in der Hauptverhandlung, aber nicht öffentlich vorgenommen worden zu sein (47,7 % der Antworten).[134] Auch wenn man in Rechnung zu stellen hat, dass die Schöffen den genauen Verfahrensgang und seine Rechtmäßigkeit nicht immer einzuschätzen wissen, ist dies im Hinblick auf den Öffentlichkeitsgrundsatz des § 169 GVG ein durchaus bedenklicher Befund. 14,8 % der Schöffen berichteten überdies, dass die Absprachen oftmals bereits stattgefunden hätten, als sie noch gar nicht von dem Verfahren wussten. Auch dies würde einen Verstoß gegen die Rege-

133 Freilich geht das Gesetz selbst an verschiedenen Stellen (§§ 202a, 212, 243 Abs. 4 StPO) davon aus, dass der Stand des Verfahrens und die Möglichkeit einer Verständigung außerhalb der Hauptverhandlung erörtert werden können (vgl. auch *Jahn* in: MüKo-StPO 2. Aufl. 2023, § 257c Rn. 52 ff.).

134 In praktischer Sicht ist etwa an eine Absprache während einer Verhandlungspause im Richterzimmer zu denken; siehe auch sogleich die ergänzenden Angaben. Nicht ganz auszuschließen ist, dass einigen wenigen Antworten der Umstand zugrunde lag, dass Verfahren gegen Jugendliche nach § 48 JGG nichtöffentlich sind.

lungen der Verständigung darstellen, da Schöffen an diesen beteiligt werden müssen (s. o.). Nicht auszuschließen ist, dass einige Schöffen Vorgänge bereits als „Absprachen“ bezeichneten, die seitens der Berufsjuristen noch als „die Absprache vorbereitende Erörterungen“ (beispielsweise im Rahmen der Erörterung des Verfahrensstands nach §§ 202a, 212 StPO) eingestuft werden würden. Derartige vorbereitende Gespräche unter Ausschluss der Schöffen durchzuführen, entspricht den Regelungen zur Verständigung.[135] Dennoch ist hervorzuheben, dass viele Schöffen den Eindruck bekommen haben, zum Zeitpunkt ihrer Mitwirkung bereits vor vollendete Tatsachen gestellt worden zu sein.

Unter „Sonstiges“ hatten die Schöffen die Gelegenheit, ihre Erfahrungen differenzierter mitzuteilen, falls die dazu vorgegebenen Antwortoptionen nicht ausreichten. Bei der Auswertung dieser halboffenen Freitext-Antworten wurde wie bei Frage 3 verfahren. 124 Schöffen gaben dabei zu bedenken, dass mehrere der vorgeschlagenen Antworten zutreffend seien. Die Schwierigkeiten, einen regelmäßigen Zeitpunkt für eine getroffene Absprache zu benennen, könnten daran liegen, dass die meisten Laienrichter bisher nur wenige Erfahrungen mit Absprachen sammeln konnten (s. Frage 9). So könnten manche Befragte beispielsweise nur an fünf Verfahren mit Absprachen beteiligt gewesen sein, von denen zwei vor der Hauptverhandlung, zwei in der Hauptverhandlung hinter verschlossenen Türen und eine in der öffentlichen Hauptverhandlung stattfanden. In solchen Fällen ist es selbstverständlich schwierig, eine generelle Aussage über den regelmäßigen Zeitpunkt dieser Absprachen zu treffen. Dementsprechend empfiehlt sich eine vorsichtige Interpretation der Ergebnisse. Ein Schöffe aus Hessen kommentierte diese Problematik wie folgt: „Mehrfachauswahl erforderlich! Warum sollte nur eines zutreffen? Das verfälscht das Ergebnis!!!“ (ID 3979).[136]

135 Siehe z. B. *Jahn* in: MüKo-StPO 2. Aufl. 2023, § 257c Rn. 56a, *Ritscher* in: Graf StPO 4. Aufl. 2021, § 202a Rn. 7, *Schmitt* in: Meyer-Goßner/Schmitt StPO 65. Aufl. 2022, § 202a Rn. 4 sowie *Schneider* in: KK-StPO 9. Aufl. 2023, § 202a Rn. 7 und § 212 Rn. 2. Dies gilt nicht für die Erörterung des Verfahrensstands gem. § 257b StPO, die im Hauptverfahren und daher unter Einbezug der Schöffen stattfinden muss, siehe *Schneider* in: KK-StPO 9. Aufl. 2023, § 257b Rn. 10a. Nach *Satzger*, 2011, S. 518 (525) ist die Beteiligung von Schöffen bei Erörterungen gem. §§ 160b und 202a StPO nicht notwendig, bei Erörterungen gem. § 212 StPO allerdings umstritten.

136 Die folgenden Zitate der Schöffen werden wörtlich wiedergegeben. Lediglich Tipp- und Rechtschreibfehler wurden zur Förderung des Leseflusses korrigiert.

Einige andere Schöffen (33) nutzten ihre Freitext-Antwort, um eine der zur Auswahl stehenden Antwortoptionen genauer zu erläutern. Eine bayerische Schöffin schrieb etwa: „Bei einem Prozess wurde eine Absprache vor der Verhandlung vorgenommen, ohne, dass uns Schöffen der Sachverhalt bekannt war" (ID 1993). Eine andere Schöffin, die bei einem von drei Strafverfahren, an denen sie bisher mitgewirkt hatte, von einer Absprache erfuhr, führte aus, dass diese Gespräche „vor der Urteilsfindung" stattgefunden hätten, „um der Angeklagten eine Unterbringung in einer therapeutischen Einrichtung zu ermöglichen, an Stelle einer reinen Haft" (ID 8879). Immerhin 14 Schöffen berichteten zusätzlich, die Absprachen seien zumeist in Verhandlungspausen vorgenommen worden, elf weitere erwähnten, dass selbige zwischen den justiziellen Akteuren in der Regel informell auf dem „kurzen Dienstweg" erfolgt seien, etwa telefonisch, per E-Mail zwischen Verhandlungstagen oder während der Mittagspause in der Kantine.

Tabelle 34. Kategorisierte Freitext-Antworten bei der Antwortoption „Sonstiges" (Frage 10) und Anzahl der jeweiligen Nennungen. Teilweise wurde eine Antwort mehreren Kategorien zugeordnet. N = 188.

Kategorien der Freitext-Antworten	**Anzahl Nennungen**
Mehrere Antworten zutreffend	124
Eine Antwort trifft zu und wird erläutert	33
In Verhandlungspausen	14
Auf „kurzem Dienstweg" zwischen den justiziellen Akteuren	11
Sonstiges	6

Frage 11: Von wem ging Ihrer Einschätzung nach in der Regel die Initiative zu diesen Absprachen aus? (N = 6372; *Anmerkung:* Diese Frage wurde nur Personen gestellt, welche Frage 9 mindestens mit „1" beantworteten.)

Tabelle 35. Verteilung der Antworten auf Frage 11 (Initiator der Absprachen).

Initiator der Absprachen	**Anzahl der Antworten**	**Anteil in Prozent**
Staatsanwaltschaft	237	3,7
Verteidigung	1953	30,6
Gericht	3517	55,2
Angeklagte	32	0,5
keine Erfahrungswerte	633	9,9

Die Initiative zu den Absprachen ging der Mehrheit der Befragten zufolge in der Regel vom Gericht aus (55,2 %). Fast ein Drittel (30,6 %) gab dagegen die Verteidigung als regelmäßige Initiatorin von Absprachen an. Nur in seltenen Fällen scheinen Absprachen durch Staatsanwaltschaft (3,7 %) oder Angeklagte (0,5 %) angeregt zu werden. Diese Ergebnisse korrespondieren gut mit denen aus der Studie von *Altenhain*, *Jahn* und *Kinzig*, nach denen ebenfalls vor allem Verteidigung und Gericht die treibenden Kräfte hinter dem Zustandekommen (informeller) Absprachen sind. Während die Schöffen das Gericht als häufigsten Initiator angaben, dominierten laut den justiziellen Akteuren jedoch durch die Verteidigung initiierte Absprachen.[137] Das in der vorliegenden Umfrage berichtete häufigere Auftreten von durch das Gericht angeregten Absprachen dürfte auf die Nähe der Schöffen zu den Berufsrichtern zurückzuführen sein. Insbesondere wenn Absprachen außerhalb der Hauptverhandlung initiiert werden, sind Schöffen womöglich gar nicht in der Lage, die anregende Partei zu identifizieren. Eventuell nannten die Schöffen ihre Richterkollegen auch deshalb vermehrt als Initiatoren, weil diese die Hauptverhandlung führen und den Zeitpunkt der Gespräche bestimmen. Somit können die Antworten der Schöffen auf die Frage zu den Initiatoren der Absprachen etwas verzerrt sein.

137 *Kinzig/Iberl/Koch*, 2020, S. 242 ff.: 75,3 % der justiziellen Akteure berichteten, die Initiierung durch die Verteidigung sei „sehr häufig" bzw. „häufig". Für die Initiierung durch das Gericht lag dieser Prozentsatz bei 46,1 %.

Alternativ ist es aber auch nicht ausgeschlossen, dass die wahre Zahl der durch Richter angeregten Absprachen in der Untersuchung von *Altenhain, Jahn* und *Kinzig* unterschätzt wurde. Vermutlich lagen dort, insbesondere durch die Richter, Antwortverzerrungen durch den Effekt der sozialen Erwünschtheit vor.[138] Ein solcher Effekt ist bei Angaben der Schöffen, die sich speziell auf das Verhalten der Berufsrichter beziehen, dagegen nicht zu erwarten.

Frage 12: Bei wie vielen der x[139] Absprachen (die in Strafverfahren, an denen Sie seit 2014 beteiligt waren, getroffen wurden) wurden Sie – ungefähr – aktiv einbezogen? Hinweis: Mit „aktiv einbezogen" meinen wir, dass die Absprache in Ihrer Gegenwart stattfand und Sie die Möglichkeit hatten, Einfluss auf die Ergebnisse der Absprache zu nehmen. (N = 6356; Zahleneingabe; *Anmerkung*: Diese Frage wurde nur Personen gestellt, welche Frage 9 mindestens mit „1" beantworteten.)

Von den Schöffen, die von Absprachen in den von ihnen mitgestalteten Verfahren Kenntnis hatten, berichteten 4797 (rund 75 %), an mindestens einer Absprache aktiv mitgewirkt zu haben. Im Durchschnitt wurden die Schöffen bei 3,1 Absprachen einbezogen (Median: 2,0 Absprachen; Standardabweichung: 4,8). Der höchste angegebene Wert betrug auch hier 70. Wie bereits bei den Fragen zur Anzahl der erlebten Strafverfahren und Absprachen sind Häufungen bei den Werten 5, 10, 15, 20 etc. zu beobachten (s. Abbildung 8 oben). Das Verhältnis der mitgestalteten Absprachen zu Absprachen allgemein beträgt über alle Teilnehmer hinweg 0,66. Somit konnten die Schöffen ihrer Auffassung nach (nur) durchschnittlich an zwei von drei Absprachen aktiv mitwirken.

138 Dazu ausführlich *Iberl/Kinzig*, RPsych 2022, S. 499. Auf mögliche Verzerrungen durch derartige Effekte wurde bereits in der Vorstudie (*Altenhain/Jahn/Kinzig*, 2020, S. 103 f., 129 f., 205 f., 318 f., 506 ff.) aufmerksam gemacht. Der Kritik von *Eschelbach* (in: OK-StPO 46. Ed. 1.1.2023, § 257c Rn. 1.5) ist jedoch entgegenzuhalten, dass solche Effekte bei jeder (auch der vorliegenden!) Befragung auftreten und stets nur minimiert, nie aber vollständig vermieden werden können. Dass die Ergebnisse der sechs Module in *Altenhain/Jahn/Kinzig* dennoch vergleichsweise eindeutig ausgefallen sind und sich gegenseitig bestätigt haben, ist bemerkenswert und spricht für die Belastbarkeit der Resultate der Untersuchung.

139 An dieser Stelle wurde jeweils die Zahl eingeblendet, die die Befragten zuvor bei Frage 9 eingegeben hatten. Diese Zahl „x" bildete gleichzeitig den Höchstwert, der als Eingabe akzeptiert wurde.

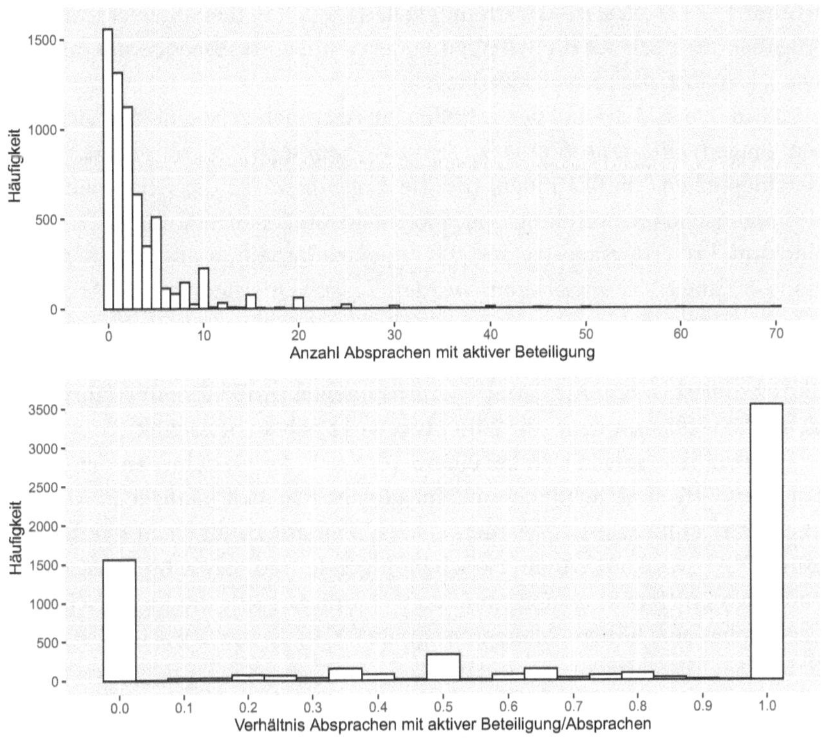

Abbildung 8. Oben: Histogramm der geschätzten Anzahl von Absprachen, an denen die Befragten aktiv beteiligt wurden. Unten: Histogramm des Verhältnisses zwischen der geschätzten Anzahl von Absprachen, an denen die Befragten aktiv beteiligt wurden, und der Gesamtanzahl der berichteten Absprachen („Beteiligungsquote" pro Absprache).

Auffallend ist dabei die zweipolige Verteilung der Antworten zu den individuellen Mitwirkungsmöglichkeiten an den Absprachen (s. Abbildung 8 unten). Hier gaben die Schöffen in der Regel entweder an, immer oder nie aktiv einbezogen worden zu sein. Während immerhin rund ein Drittel der Schöffen der Auffassung war, nie aktiv an Absprachen beteiligt worden zu sein, äußerten demgegenüber zwei Drittel die Ansicht, an allen Absprachen aktiv mitgewirkt zu haben. Dieser Befund kann damit zusammenhängen, dass viele Schöffen bis zur Befragung erst wenige Absprachen miterlebt haben. Dadurch steigt allgemein die Wahrscheinlichkeit einheitlicher Antworten.[140] Allerdings ist es auch möglich, dass sich in den unterschiedlichen Angaben im Blick auf die Beteiligung der Schöffen bestehende uneinheitliche lokale Justizkulturen widerspiegeln.

Die aktive Mitwirkung der Schöffen bei Absprachen ist eine der wichtigsten Fragen, die diese Studie zu beantworten sucht, nicht zuletzt wegen der möglichen Implikationen, die die Ergebnisse für die Rechtmäßigkeit der praktischen Anwendung dieses Rechtsinstituts haben können. Deshalb, und um Erklärungsansätze für das bipolare Verteilungsmuster in Abbildung 8 (unten) zu generieren, wurden zusätzlich tiefergehende Analysen durchgeführt. In Übereinstimmung mit dem Vorgehen bei Frage 9 wurde im Folgenden stets das Verhältnis der Absprachen, an denen die Schöffen aktiv beteiligt waren, zur Anzahl der Absprachen in allen Strafverfahren, an denen Schöffen seit dem Jahr 2014 mitgewirkt haben, betrachtet.

Unterschiede zeigen sich bei einem Vergleich der Gerichte, an denen die Schöffen tätig sind. Schöffen am Amtsgericht scheinen häufiger in Absprachen aktiv einbezogen zu werden als Schöffen am Landgericht (Verhältnis von 0,72 bzw. 0,60). Auch zwischen Jugend- und Erwachsenenschöffen zeigt sich ein (etwas weniger markanter) Unterschied; die Jugendschöffen berichteten eine höhere Beteiligungsquote (0,70) als die Erwachsenenschöffen (0,65). Erfahrenere Schöffen (0,66) wurden jedoch nicht wesentlich öfter einbezogen als unerfahrenere (0,64). Daneben variiert die wahrgenommene Beteiligung an Absprachen zwischen den Bundesländern deutlich (s. Tabelle 36). Schöffen aus Thüringen (0,78), Bremen (0,77), dem Saarland (0,76), Mecklenburg-Vorpommern (0,75), Bayern und Sachsen (je 0,71) fühlten sich bei Absprachen weitaus häufiger einbezogen als ihre Kollegen aus Hamburg (0,42), Berlin (0,45) und Schleswig-Holstein (0,58).[141]

Indes ergibt sich aus keinem der untersuchten Merkmale eine ausreichend markante Differenz, um die bipolare Verteilung der empfundenen Einbeziehung (s. Abbildung 8 unten) zu erklären. Möglicherweise hängt die Beteiligung der Schöffen an Absprachen vor allem von noch kleinteiligeren lokalen Justizkulturen und/oder der konkreten Praxis der individuellen Berufsrichter ab. Diese bekleiden – zumindest aus Sicht der Schöffen –

140 Beispielsweise wäre es für Schöffen mit nur zwei berichteten Absprachen sehr viel wahrscheinlicher als für Schöffen mit Dutzenden berichteter Absprachen, von sämtlichen erwähnten Absprachen ausgeschlossen oder an allen aktiv beteiligt worden zu sein.

141 Eine Interpretation der Zahlen aus Bremen und Mecklenburg-Vorpommern ist nur begrenzt zielführend, da durch die Filterführung vor dieser Frage lediglich 59 bzw. 29 Schöffen aus diesen Bundesländern die Frage beantworteten.

die zentrale Rolle im Strafverfahren und verfügen damit über erhebliche Einflussmöglichkeiten, auch in Hinblick auf die Einbindung der Laienrichter.[142]

Tabelle 36. Durchschnittliches Verhältnis der Antworten auf Frage 12 (geschätzte Anzahl der berichteten Absprachen, in welche die Befragten aktiv einbezogen wurden) zu den Antworten auf Frage 9 (geschätzte Anzahl der Absprachen in allen Strafverfahren, an denen die Befragten seit dem Jahr 2014 mitgewirkt haben) nach Bundesländern.

Bundesland	**Durchschnittliches Verhältnis von Absprachen mit aktiver Beteiligung zu Absprachen insgesamt**
Baden-Württemberg (N = 687)	0,67
Bayern (N = 1569)	0,71
Berlin (N = 74)	0,45
Brandenburg (N = 162)	0,64
Bremen (N = 59)	0,77
Hamburg (N = 403)	0,42
Hessen (N = 459)	0,65
Mecklenburg-Vorpommern (N = 29)	0,75
Niedersachsen (N = 726)	0,63
Nordrhein-Westfalen (N = 951)	0,65
Rheinland-Pfalz (N = 210)	0,68
Saarland (N = 128)	0,76
Sachsen (N = 559)	0,71
Sachsen-Anhalt (N = 78)	0,68
Schleswig-Holstein (N = 194)	0,58
Thüringen (N = 67)	0,78

142 Vgl. *Machura*, 2001b, S. 202, *Rönnau*, 2016, S. 311 und *Terhorst*, 1988, S. 812.

Frage 13: Was schätzen Sie: Wie viele dieser x[143] Absprachen (die in Strafverfahren, an denen Sie seit 2014 beteiligt waren, getroffen wurden) wurden von den Verfahrensbeteiligten ohne Sie durchgeführt, obwohl Sie vor Ort waren (z. B. im gleichen Gebäude)? (N = 2814; Zahleneingabe; *Anmerkung:* Diese Frage wurde nur Personen gestellt, welche Frage 9 mindestens mit „1" beantworteten und die bei Frage 12 eine geringere Anzahl eingaben als bei Frage 9.)

Im Schnitt gab jeder Schöffe an, 1,6 Absprachen seien trotz seiner Anwesenheit vor Ort ohne ihn durchgeführt worden (Median: 0,0 Absprachen, Standardabweichung: 3,4; s. Abbildung 9 oben). Setzt man diese Anzahl für alle Befragten in Beziehung zu der zuvor angegebenen Zahl der Absprachen, von denen Kenntnis bestand, ergibt sich ein Verhältnis von 0,32. Ungefähr ein Drittel der Absprachen wurde also den Schöffen zufolge ohne sie durchgeführt, obwohl ihre Mitwirkung gut möglich gewesen wäre. Zu beachten ist, dass dieses Ergebnis nicht direkt mit dem von Frage 12 verglichen werden kann; es handelt sich nicht um das gegenteilige Verhältnis. Denn 3535 Personen berichteten bei Frage 12, an allen Absprachen beteiligt worden zu sein, weshalb ihnen Frage 13 erst gar nicht gestellt wurde. Bezieht man auch diese Personen ein, ergibt sich eine Quote von nur noch 0,14. Im Schnitt wurden die Schöffen also bei 14 % der erlebten Absprachen nicht beteiligt, obwohl sie vor Ort waren.

Bei den Antworten zu Frage 13 ergibt sich eine ähnliche Auffälligkeit wie bei denjenigen zu Frage 12 (s. Abbildung 9 unten): Diese verteilen sich vor allem auf die Extremwerte 0 und 1. Rund zwei Drittel der Schöffen berichteten somit, nie von einer Absprache ausgeschlossen worden zu sein, wenn sie vor Ort waren. Ein beachtliches Drittel meinte dagegen, dies sei bei allen Absprachen (bei denen sie nicht aktiv mitwirken konnten) der Fall gewesen. Als Grund für dieses Resultat kommen ebenfalls lokale Besonderheiten oder die unterschiedliche Handhabung der Beteiligung der Schöffen durch einzelne Richter in Betracht. Dennoch wurden auch hier mögliche andere Einflussfaktoren untersucht.

143 An dieser Stelle wurde jeweils die Zahl eingeblendet, die die Befragten zuvor bei Frage 9 eingegeben hatten. Die Differenz von „x" und der Zahl, die die Befragten zuvor bei Frage 12 eingegeben hatten, bildete den Höchstwert, der als Eingabe akzeptiert wurde.

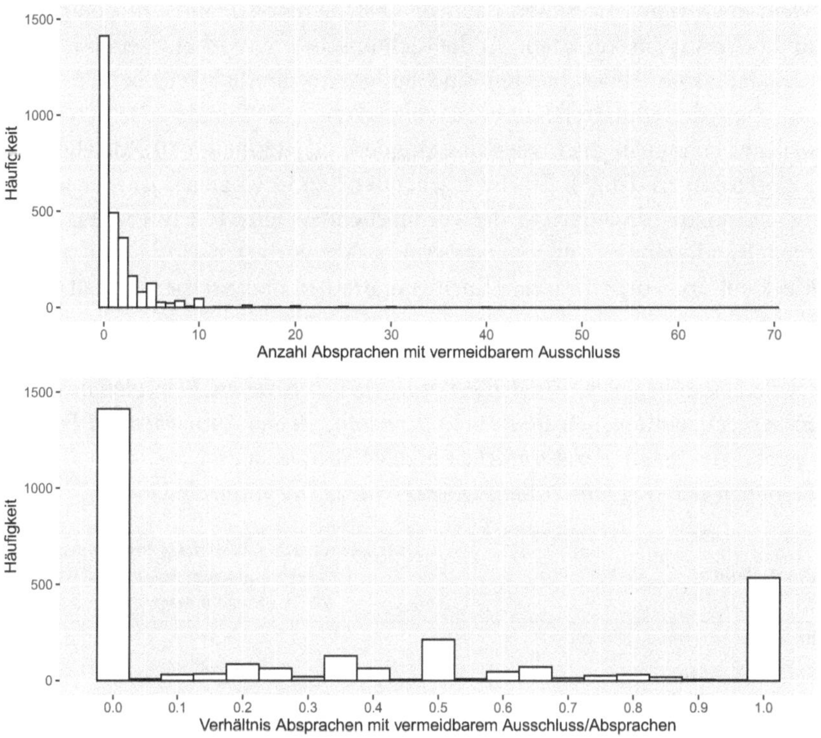

Abbildung 9. Oben: Histogramm der geschätzten Anzahl von Absprachen, von denen die Befragten ausgeschlossen wurden, obwohl sie vor Ort waren. Unten: Histogramm des Verhältnisses zwischen der geschätzten Anzahl von Absprachen, von denen die Befragten ausgeschlossen wurden, obwohl sie vor Ort waren, und der Gesamtanzahl der berichteten Absprachen („Ausschlussquote" pro Absprache).

Zwischen den zuständigen Gerichten scheint bei der Verteilung kein bedeutsamer Unterschied vorzuliegen, ebenso wenig zwischen Jugend- und Erwachsenenschöffen. Das Verhältnis der „Nichtbeteiligung" der Schöffen am Amtsgericht liegt bei 0,31, das der Schöffen am Landgericht bei 0,33. Die Jugendschöffen berichteten eine „Ausschlussquote" von 0,31, die Erwachsenenschöffen eine von 0,33. Eine leichte Diskrepanz zeigt sich hingegen bei den mittleren Quoten der erfahreneren und unerfahreneren Schöffen (0,31 bzw. 0,35). Dies könnte an einer etwas geringeren Bereitschaft der Berufsjuristen liegen, auch unerfahrenere Schöffen an Absprachen zu beteiligen, etwa weil von diesen häufiger obstruierende Fragen zu befürchten sind oder weil ihr Verhalten für die Richter schwerer vorherzusehen ist.

Bedeutsame Abweichungen sind außerdem, ähnlich wie bei Frage 12, zwischen den Bundesländern zu verzeichnen (s. Tabelle 37). Besonders schlecht schneidet auch hier das Bundesland Berlin ab (0,53), eher gut dagegen Bayern (0,28). Ein tiefergehender Ländervergleich ist hier jedoch nicht sinnvoll, da aufgrund der vorangehenden Filterführungen aus manchen Bundesländern nur wenige Antworten vorliegen (insbesondere aus Mecklenburg-Vorpommern, Thüringen, Bremen und Sachsen-Anhalt).

Tabelle 37. Durchschnittliches Verhältnis der Antworten auf Frage 13 (geschätzte Anzahl der berichteten Absprachen, in welche die Befragten nicht einbezogen wurden, obwohl sie vor Ort waren) zu den Antworten auf Frage 9 (geschätzte Anzahl der Absprachen in allen Strafverfahren, an denen die Befragten seit dem Jahr 2014 mitgewirkt haben) nach Bundesländern.

Bundesland	**Durchschnittliches Verhältnis von Absprachen mit „vermeidbarem Ausschluss" zu Absprachen insgesamt**
Baden-Württemberg (N = 299)	0,34
Bayern (N = 616)	0,28
Berlin (N = 50)	0,53
Brandenburg (N = 75)	0,29
Bremen (N = 19)	0,23
Hamburg (N = 259)	0,38
Hessen (N = 206)	0,31
Mecklenburg-Vorpommern (N = 8)	0,24
Niedersachsen (N = 352)	0,32
Nordrhein-Westfalen (N = 430)	0,35
Rheinland-Pfalz (N = 84)	0,30
Saarland (N = 42)	0,31
Sachsen (N = 219)	0,29
Sachsen-Anhalt (N = 35)	0,26
Schleswig-Holstein (N = 101)	0,39
Thüringen (N = 19)	0,46

Frage 14: Wenn Sie an alle Absprachen denken, an denen Sie nicht beteiligt wurden: Welche Gründe wurden genannt, warum diese Absprachen ohne Sie stattgefunden haben? (N = 1482; Freitext-Eingabe; *Anmerkung:* Diese Frage wurde nur Personen gestellt, welche Frage 9 mindestens mit „1“ beantworteten und die bei Frage 12 eine geringere Anzahl eingaben als bei Frage 9.)

Die Antworten auf diese offene Frage wurden, ebenso wie bei den Fragen 3 und 10, nach inhaltlichen Gemeinsamkeiten gruppiert, wobei auch hier eine Antwort mehreren Kategorien zugeordnet werden konnte. Die meisten Schöffen (599) berichteten, dass ihnen für die ausbleibende Beteiligung an Absprachen keine Gründe genannt worden seien.

Nur etwas weniger zahlreich (434) waren Äußerungen, nach denen die (verfahrensvorbereitenden) Absprachen außerhalb der Verhandlungen stattgefunden hätten, etwa „bereits vor den Verhandlungen“ (ID 8971), „telefonisch im Vorfeld der Verhandlung“ (ID 5189), „während der Mittagspausen“ (ID 4440) oder gar bei spontanen Treffen „auf dem Flur“ (ID 5588). Bei diesen Vorgängen bleibt unklar, ob sie von den daran beteiligten Berufsjuristen ebenfalls schon als eine bindende „Absprache“ oder eher nur als „erörternde Vorgespräche“ für eine nachfolgende Verständigung „lege artis“ interpretiert würden. Nur ersteres würde diese Absprachen als informell kennzeichnen.[144] Dessen ungeachtet bleibt festzuhalten, dass sich die Schöffen in einer nicht unerheblichen Anzahl von Fällen als von einer Absprache ausgeschlossen erleben.

246 Schöffen sahen ihren Ausschluss von Absprachen mit tendenziell verfahrensökonomischen Argumenten begründet. Ein Schöffe „hatte (sc. gar) das Gefühl bekommen, dass Absprachen vor allem der Arbeitsreduzierung des Gerichts dienen und nicht einem gerechten Urteil“ (ID 4725). „Absprachen“, so dieser Schöffe, würden „nicht im Namen des Volkes, sondern im Namen der Bürokratiereduzierung“ getroffen. Bei dieser Antwort und ähnlichen Äußerungen gaben die Schöffen nicht immer konkret an, inwiefern Gesichtspunkte der Verfahrensökonomie tatsächlich von den Richtern als Gründe für einen Ausschluss der Schöffen von der Teilnahme an Absprachen angeführt wurden. Auch könnte es sich dabei um bloße Vorgespräche gehandelt haben. Generell dürfte aus Sicht der Berufsjuris-

144 Nach *Kudlich* in: MüKo-StPO 1. Aufl. 2016, § 212 Rn. 2 würden Verständigungen „zunächst oft außerhalb der Hauptverhandlung (und regelmäßig ohne Beteiligung der Schöffen sowie oft auch ohne den Angeklagten) ‚vorbesprochen‘“. Übereinstimmend *Schneider* in: KK-StPO 9. Aufl. 2023, § 212 Rn. 2.

ten eine (Vor-)Absprache „im kleinen Kreis" als zeitsparend empfunden werden, da Richter, Staatsanwälte und Strafverteidiger über eine größere Praxiserfahrung und selbstverständlich auch über bessere Rechtskenntnisse verfügen dürften als Schöffen. Bei der Einbindung von Schöffen besteht aus Sicht der Berufsjuristen womöglich immer ein gewisses Risiko, dass sich der für eine Absprache erforderliche Aufwand aufgrund von Rückfragen oder notwendigen Erklärungen verlängert, oder dass eine Absprache gar aufgrund von Bedenken der Schöffen scheitern könnte.

Etwas seltener (102-mal) sei den Schöffen gegenüber angegeben worden, es sei „Gängige Routine" (ID 6476) oder „Usus" (ID 7050) beziehungsweise „nicht erforderlich" (ID 433), sie in Absprachen einzubeziehen. Die Schilderungen eines norddeutschen Schöffen kann man gar dahingehend interpretieren, dass Laienrichter bisweilen über die geltenden Regelungen bewusst getäuscht werden – oder dass selbst vorsitzende Berufsrichter nicht immer ausreichend über das geltende Recht informiert sind. So schrieb dieser Schöffe: „Die Begründung verschiedener Kammern war fast gleichlautend, dass diese Absprachen grundsätzlich und gem. den geltenden Gesetzen nur unter Volljuristen getätigt werden dürfen" (ID 8001). Wenn sich diese Äußerungen tatsächlich auf Absprachen beziehen sollten, wären sie falsch, da Schöffen nach § 257c StPO an rechtsverbindlichen Verständigungen zwingend beteiligt werden müssen. Nur bei vorbereitenden Gesprächen wäre der Ausschluss von Schöffen rechtmäßig.[145]

Neben inhaltlichen oder organisatorischen Gründen (79) wurden auch Gründe angeführt, die als „fehlende Rechtskenntnis" der Schöffen kategorisierbar sind (48). „Man wollte uns nicht überfordern" schrieb etwa eine Hauptschöffin aus Niedersachsen (ID 199). Einer anderen Schöffin gegenüber sei erklärt worden, an den Absprachen „sollten ausschließlich ‚juristische Verfahrensbeteiligte' bzw. keine ‚juristischen Laien'" beteiligt sein (ID 8003; diese Aussage wurde zusätzlich in die Kategorie „Gängige Praxis" einsortiert). Die Äußerungen weiterer 37 Schöffen lassen auf deren Unsicherheit darüber schließen, ob der von ihnen beobachtete Vorgang tatsächlich eine Absprache war oder nicht (z. B. „Es wurde mitgeteilt, dass der Amtsrichter kurz mit dem Verteidiger gesprochen habe. Man könne sich ungefähr diesen Verlauf mit jenem Urteil vorstellen. Ich weiß nicht, ob man so etwas ‚Unverbindliches' schon als Absprache bezeichnen kann"; ID 65). 24-mal berichteten Schöffen, sie seien zwar bei den Absprachen vor Ort ge-

145 Siehe z. B. *Ritscher* in: Graf StPO 4. Aufl. 2021, § 202a Rn. 7, *Schneider* in: KK-StPO 9. Aufl. 2023, § 202a Rn. 7 und *Satzger*, 2011, S. 518 (525).

wesen, allerdings ohne sich aktiv zu beteiligen. Weshalb diese Schöffen bei Frage 13 nicht mit „0" antworteten, bleibt unklar. Ebenfalls 24-mal nutzten Schöffen das offene Antwortfeld der Frage, um eine Geringschätzung der Laien durch die Berufsrichter zu monieren. Ein süddeutscher Hilfsschöffe kritisierte, Schöffen seien im Rahmen von Absprachen „ein Abnick- oder Querulantenkomitee, dass gleich angeblafft wurde, wenn eine bloße Nachfrage in eine Richtung ging, die der oder dem Vorsitzenden nicht passte" (ID 7595).

Seltener wurden als Gründe genannt, dass neben den Schöffen auch kein anderer Vertreter des Gerichts beteiligt gewesen sei (21), dass der Angeklagte bereits vor der Hauptverhandlung ein Geständnis abgelegt habe (15) und dass die Schöffen zum Schutz der (Identität der) Zeugen oder Angeklagten (10) oder auf den Wunsch der Staatsanwaltschaft bzw. der Verteidigung (5) nicht beteiligt worden seien.

Mehrere Schöffen schienen keinen Anstoß daran zu finden, dass Absprachen ohne sie stattfanden. Dies wird an ihren ergänzenden Erläuterungen deutlich. Eine Bremer Schöffin beschrieb ein nach ihrer Ansicht ohne ihre Mitwirkung an der Absprache ergangenes Urteil wie folgt: „Dieses war aber im anschließenden Verfahren gerechtfertigt und wurde von uns Schöffen unterstützt" (ID 211). Ein sächsischer Jugendhilfsschöffe bemerkte dazu, dass die Absprache „nur durch unsere Zustimmung tatsächlich dann zu Stande kam" (ID 3065). Dies deutet auf eine zumindest formelle Rechtmäßigkeit des genannten Vorgangs hin. Ein Schöffe mit langjähriger Erfahrung zeigte aus verfahrenspraktischen Gründen Verständnis für die Nichtbeteiligung der Laienrichter an Absprachen, denn „in der Regel sind die hauptamtlichen Richter und sonstigen Beteiligten über Monate mit den Verfahren beschäftigt, daher macht es Sinn, im Vorfeld Möglichkeiten der Verständigung auszuloten" (ID 4577).

Bei dieser Frage zeigte sich, dass es den Schöffen mitunter nicht leichtfällt, zwischen in der Hauptverhandlung vorgenommenen Verständigungen, die möglicherweise zuvor nach den §§ 202a, 212 StPO ohne sie, aber „lege artis" vorbereitet wurden, und etwaigen illegalen Absprachen zu differenzieren. Dies ist nicht verwunderlich. Denn es kann nicht erwartet werden, dass die Laienrichter mit den geltenden, teilweise diffizilen Regelungen umfänglich vertraut sind. Dennoch zeigen die geschilderten Aussagen zweierlei: Zum einen scheinen die Grenzen zwischen unter Ausschluss der Schöffen getroffenen, verbotenen Absprachen und außerhalb der Verhandlungen geführten, erlaubten Gesprächen zur Vorbereitung einer Verständigung fließend. Zum anderen und wichtiger: Durch diese vorbereitenden

Gespräche gewannen die Schöffen offensichtlich in zahlreichen Fällen den Eindruck, auf den Ausgang des Strafverfahrens keinen Einfluss mehr zu besitzen.

Tabelle 38. Kategorisierte Freitext-Antworten bei Frage 14 und Anzahl der jeweiligen Nennungen. Teilweise wurde eine Antwort mehreren Kategorien zugeordnet. N = 1482.

Kategorien der Freitext-Antworten	**Anzahl Nennungen**
Ausschluss ohne Begründung	599
(Vorbereitende) Absprache fand außerhalb der Hauptverhandlung statt	434
Verfahrensökonomie	246
Gängige Praxis/Berufung auf StPO	102
Inhaltliche/Organisatorische Gründe	79
Fehlende Rechtskenntnis	48
Unklar, ob Vorgang eine Absprache war	37
Schöffen waren vor Ort, wurden aber nicht aktiv beteiligt	24
Geringschätzung	24
Absprache fand ohne Vertreter des Gerichts statt	21
Angeklagter war vor Verhandlung geständig	15
Schutz von Zeugen/Angeklagten	10
Wunsch der Staatsanwaltschaft oder Verteidigung	5
Sonstiges	16

Frage 15: Wie gut wurden Sie Ihrer Meinung nach über den Verlauf und die Ergebnisse der Absprachen, an denen Sie nicht teilgenommen haben, informiert? (N = 2660; *Anmerkung*: Diese Frage wurde nur Personen gestellt, welche Frage 9 mindestens mit „1“ beantworteten und die bei Frage 12 eine geringere Anzahl eingaben als bei Frage 9.)

Tabelle 39. Verteilung der Antworten auf Frage 15 (Information über die Absprachen).

Antwort	Anzahl der Antworten	Anteil in Prozent
sehr gut	408	15,3
eher gut	1101	41,4
eher schlecht	556	20,9
sehr schlecht	141	5,3
keine Angabe	454	17,1

Mehr als die Hälfte der Teilnehmer fühlte sich rückblickend über die Absprachen, an denen sie nicht teilgenommen hatten, „sehr gut“ (15,3 %) oder „eher gut“ (41,4 %) informiert. Jeder fünfte Schöffe (20,9 %) meinte dagegen, „eher schlecht“, jeder Zwanzigste (5,3 %) sogar „sehr schlecht“ über den Verlauf und die Ergebnisse der Verfahrensabsprachen unterrichtet worden zu sein. Diese als „durchwachsen“ zu bezeichnende Informationspolitik der Berufsrichter ist kritisch zu sehen. Denn Schöffen sind nur dann an einer Absprache ordnungsgemäß beteiligt, wenn sie ausreichend über den ihr zugrundeliegenden Gegenstand unterrichtet worden sind – sei es im Rahmen der Hauptverhandlung und/oder einer vorangehenden oder begleitenden Akteneinsicht oder Anwesenheit bei den Absprachen.[146] Wie einleitend bereits erläutert, könnte andernfalls gar eine Befangenheit geltend gemacht werden.[147]

17,1 % der Befragten, denen diese Frage präsentiert wurde, wählten die Option „keine Angabe“ aus. Diese ausweichende Haltung ist erstaunlich, da an sich alle Schöffen diese Frage hätten beantworten können müssen. Denn immerhin gab es ihnen zufolge mindestens eine Absprache, an der sie nicht aktiv beteiligt worden waren. Vermutlich zeigen sich hier wieder die Schwierigkeiten einiger Schöffen, die Anforderungen an Absprachen und

146 Vgl. auch *Rönnau*, 2018, S. 374.
147 *Eschelbach* in: Graf StPO 4. Aufl. 2021, § 257b Rn. 5.

die hieraus resultierenden Beteiligungserfordernisse rechtlich zutreffend einzuordnen.

Frage 16: Wann/wo wurden Sie in der Regel informiert? (N = 2657; *Anmerkung*: Diese Frage wurde nur Personen gestellt, welche Frage 9 mindestens mit „1" beantworteten und die bei Frage 12 eine geringere Anzahl eingaben als bei Frage 9.)

Tabelle 40. Verteilung der Antworten auf Frage 16 (Ort und Zeit der Information).

Zeit/Ort der Informationsweitergabe	Anzahl der Antworten	Anteil in Prozent
Vor der Hauptverhandlung, z. B. im Richterzimmer	1213	45,7
Vor Fortsetzung der Hauptverhandlung, z. B. im Beratungszimmer	1031	38,8
In der Hauptverhandlung	313	11,8
Sonstiges	100	3,8

Informationen über Verlauf und Ergebnisse einer Absprache, die sie nicht persönlich miterlebt hatten, erhielten die Schöffen ihren Angaben nach häufig entweder „vor der Hauptverhandlung, z. B. im Richterzimmer" (45,7 %) oder „vor Fortsetzung der Hauptverhandlung, z. B. im Beratungszimmer" (38,8 %). In der Hauptverhandlung selbst erfolgten solche Informationen laut den Antworten der Befragten eher selten (11,8 %).

Bei den halboffenen Freitext-Antworten („Sonstiges") zeigt sich das gleiche Problem wie bei den Angaben zu Frage 10. Auch hier dominiert die Kategorie „Mehrere Antworten zutreffend" (22 Nennungen). Immerhin 18 Schöffen waren der Auffassung, überhaupt nicht informiert worden zu sein. Zehn Schöffen nannten das „Beratungszimmer" als Ort der Information, selten schienen Schöffen auch telefonisch oder gar postalisch (9) über Absprachen unterrichtet worden zu sein. Die übrigen Angaben enthielten Variationen der zur Verfügung stehenden Antwortoptionen, etwa „(Unmittelbar) vor der Verhandlung" (11), „während der Hauptverhandlung" (7) oder „nach dem Urteil bzw. bei Urteilsverkündung" (3). Zwei Jugendschöffinnen aus verschiedenen Bundesländern wurden offenbar in der „Kantine" (ID 6895) bzw. „beim Mittagessen" (ID 8625) informiert. Zwölf Schöffen erklärten, entweder an allen Absprachen beteiligt gewesen zu sein oder gar keine Absprachen erlebt zu haben – dabei ist unklar, wieso diese Teilnehmer die vorherigen Fragen so beantworteten, dass ihnen die Filterfrage 16 überhaupt gestellt wurde.

Tabelle 41. Kategorisierte Freitext-Antworten bei der Antwortoption „Sonstiges“ (Frage 16) und Anzahl der jeweiligen Nennungen. Teilweise wurde eine Antwort mehreren Kategorien zugeordnet. N = 84.

Kategorien der Freitext-Antworten	**Anzahl Nennungen**
Mehrere Antworten zutreffend	22
Nicht informiert	18
Schöffe an allen Absprachen beteiligt/keine erlebt	12
(Unmittelbar) vor der Verhandlung	11
Im Beratungszimmer	10
Telefonisch oder postalisch	9
Während der Hauptverhandlung	7
Nach dem Urteil/bei Urteilsverkündung	3
In der Kantine/beim Mittagessen	2
Sonstiges	4

Frage 17: Bei welchen Verfahren und Delikten kam es in Ihrer Praxis als Schöffe/Schöffin schon zu Absprachen? (N = 6099; Mehrfachauswahl; *Anmerkung:* Diese Frage wurde nur Personen gestellt, welche Frage 9 mindestens mit „1“ beantworteten.)

Tabelle 42. Verteilung der Antworten auf Frage 17 (Verfahren und Delikte).

Verfahren/Delikte	Anzahl der Antworten	Anteil in Prozent
Wirtschaftsstrafsachen	698	11,4
Speziell Steuerstrafsachen	241	4,0
Betäubungsmitteldelikte	3812	62,5
Straftaten gegen das Leben	330	5,4
Straftaten gegen die körperliche Unversehrtheit	1703	27,9
Betrugsdelikte	2164	35,5
Verkehrsdelikte	674	11,1
Straftaten gegen die Umwelt	24	0,4
Sexualdelikte	756	12,4
Eigentumskriminalität	1635	26,8

Den Erfahrungen der Schöffen zufolge finden Absprachen gehäuft bei Verfahren statt, bei denen Betäubungsmitteldelikte (62,5 %), Betrugsdelikte (35,5 %), Straftaten gegen die körperliche Unversehrtheit (27,9 %) oder Eigentumskriminalität (26,8 %) verhandelt werden. Im Vergleich zu den Erkenntnissen von *Altenhain*, *Jahn* und *Kinzig*,[148] nach denen justizielle Akteure vor allem Wirtschafts- und speziell Steuerstrafsachen als besonders „absprացheträchtig“ kennzeichneten, überrascht zunächst, dass diese Antwortoptionen aus Sicht der Schöffen mit 11,4 % bzw. 4,0 % eine eher untergeordnete Rolle spielen. Diese vergleichsweise geringen Werte dürften jedoch darin begründet sein, dass nur wenige Schöffen Verfahren der Wirtschaftsstrafkammer miterlebt haben (s. Frage 6). Die von den Teilnehmern meistgenannten vier Deliktskategorien kommen in der forensischen Praxis zudem erheblich häufiger vor als Wirtschafts- und Steuerstrafsachen.[149]

Betrachtet man nur die Antworten derjenigen Teilnehmer, die bereits in der Wirtschaftsstrafkammer eingesetzt waren, so ergeben sich folgerichtig weitaus höhere Werte: Über die Hälfte (51,4 %) der dort agierenden Schöf-

148 *Kinzig/Iberl/Koch*, 2020, S. 213 f., 239 f. und *Altenhain/Brandt/Herbst*, 2020, S. 336 ff.
149 Vgl. *Bundeskriminalamt*, Polizeiliche Kriminalstatistik 2021, 2022.

fen erlebte bereits Absprachen bei Wirtschaftsstrafsachen, 12,3 % berichteten von Absprachen bei Steuerstrafsachen.

Auch bei dieser Frage hatten die Befragten Gelegenheit, ergänzende Angaben in ein Freitext-Feld einzutragen. Dabei wurden vor allem Straftaten genannt, die schon in der Mehrfachauswahl in Frage 17 zur Verfügung standen (17-mal „Eigentumskriminalität", 15-mal „Straftaten gegen die körperliche Unversehrtheit", elfmal „Betäubungsmitteldelikte", siebenmal „Betrugsdelikte", dreimal „Wirtschaftsstrafsachen" und je einmal „Sexualdelikte", „Straftaten gegen das Leben" und „Verkehrsdelikte"). Des Weiteren fanden Berufungsverfahren (13), Jugendstrafsachen (11), Delikte nach dem Aufenthaltsgesetz (10), Brandstiftung (9), erstaunlicherweise Beleidigung (7) und Straftaten nach dem Waffengesetz (6) Erwähnung. Fünfmal wurde zudem „Raub" genannt. Diese Deliktsgruppe wurde wohl deswegen gesondert hervorgehoben, weil Gewaltkriminalität nicht als eigene Kategorie angeboten wurde.

Tabelle 43. Kategorisierte Freitext-Antworten bei der Antwortoption „Sonstiges“ (Frage 17) und Anzahl der jeweiligen Nennungen. Teilweise wurde eine Antwort mehreren Kategorien zugeordnet. N = 140.

Kategorien der Freitext-Antworten	**Anzahl Nennungen**
Eigentumskriminalität	17
Straftaten gegen die körperliche Unversehrtheit	15
Berufungsverfahren	13
Betäubungsmitteldelikte	11
Jugendstrafsachen	11
Delikte nach dem AufenthG	10
Brandstiftung	9
Beleidigung	7
Betrugsdelikte	7
Anhängige Strafsachen	6
Straftaten nach dem Waffengesetz	6
Raub	5
Wirtschaftsstrafsachen	3
Sexualdelikte	1
Straftaten gegen das Leben	1
Verkehrsdelikte	1
Sonstiges	33

Frage 18: Absprachen können ganz unterschiedlicher Art sein. Was war Ihrer Erinnerung nach schon einmal Gegenstand einer Absprache zwischen Beteiligten in Verfahren, an denen Sie teilgenommen haben oder über die Sie informiert worden sind? (*Anmerkung:* Diese Frage wurde nur Personen gestellt, welche Frage 9 mindestens mit „1" beantworteten.)

a) „Es wurde ein mögliches Geständnis des/der Angeklagten thematisiert." (N = 6041)

Tabelle 44. Verteilung der Antworten auf Frage 18a (Geständnis).

Antwort	Anzahl der Antworten	Anteil in Prozent
Ja, konkrete Vereinbarung	3010	49,8
Ja, nur Gespräche	1126	18,6
Nein	1325	21,9
Weiß nicht	580	9,6

Knapp die Hälfte (49,8 %) der Schöffen, die bereits an Verfahren mit einer Absprache beteiligt waren, berichtete von einer konkreten Vereinbarung eines Geständnisses des Angeklagten. Rund 19 % schilderten nur Gespräche darüber, ohne dass es zu einer Vereinbarung gekommen sei. Diese Werte erscheinen etwas niedrig vor dem Hintergrund, dass nach § 257c Abs. 2 S. 2 StPO Bestandteil jeder Verständigung ein Geständnis sein „soll".

b) „Es wurde das Absehen von Beweiserhebungen bzw. der Verzicht auf das Stellen von Beweisanträgen thematisiert." (N = 6036)

Tabelle 45. Verteilung der Antworten auf Frage 18b (Beweiserhebungen).

Antwort	Anzahl der Antworten	Anteil in Prozent
Ja, konkrete Vereinbarung	2028	33,6
Ja, nur Gespräche	925	15,3
Nein	2223	36,8
Weiß nicht	860	14,2

Etwa insgesamt 50 % der dazu befragten Schöffen erlebten mindestens einmal, dass bei einer Absprache das Absehen von Beweiserhebungen bzw. der

Verzicht auf das Stellen von Beweisanträgen zumindest thematisiert wurde. 33,6 % berichteten, dass es dabei sogar zu einer konkreten Vereinbarung gekommen sei. Dabei erscheint es denkbar, dass einige dieser Vereinbarungen mit einer Verletzung von § 257c Abs. 1 S. 2 StPO einhergingen, wonach die Amtsaufklärungspflicht nach § 244 Abs. 2 StPO von einer Verständigung unberührt bleibt. Genaue Angaben lassen sich aus den Antworten jedoch nicht ableiten.

c) „Es wurde der Schuldspruch, d.h. die rechtliche Einordnung der angeklagten Tat, thematisiert (z. B. Strafbarkeit wegen einfachen statt qualifizierten Diebstahls oder einfacher statt gefährlicher Körperverletzung)." (N = 6034)

Tabelle 46. Verteilung der Antworten auf Frage 18c (Schuldspruch).

Antwort	Anzahl der Antworten	Anteil in Prozent
Ja, konkrete Vereinbarung	2156	35,7
Ja, nur Gespräche	1224	20,3
Nein	1755	29,1
Weiß nicht	899	14,9

Auch für den Schuldspruch, der gemäß § 257c Abs. 2 S. 3 StPO explizit „nicht Gegenstand einer Verständigung sein [darf]", berichtete immerhin über ein Drittel (35,7 %) der Schöffen, dass es trotz dieses ausdrücklichen Verbots schon einmal zu einer einschlägigen konkreten Vereinbarung gekommen sei. Weiteren 20,3 % zufolge sei der Schuldspruch bereits im Rahmen von Absprachen thematisiert worden, ohne dass die Gespräche zu einer verbindlichen Einigung geführt hätten.

d) „Es wurde ein Strafrahmen für die Entscheidung des Gerichts thematisiert (z. B. Freiheitsstrafe zwischen drei und vier Jahren; Geldstrafe zwischen 60 und 90 Tagessätzen)." (N = 6031)

Tabelle 47. Verteilung der Antworten auf Frage 18d (Strafrahmen).

Antwort	Anzahl der Antworten	Anteil in Prozent
Ja, konkrete Vereinbarung	3165	52,5
Ja, nur Gespräche	1143	19,0
Nein	1150	19,1
Weiß nicht	573	9,5

Mehr als die Hälfte der hierzu befragten Schöffen (52,5 %) berichtete von konkreten Vereinbarungen eines Strafrahmens. Dieser hohe Wert, der noch über dem der vereinbarten Geständnisse liegt, ist nicht verwunderlich, da in § 257c Abs. 3 S. 2 StPO die Angabe einer Ober- und Untergrenze der Strafe explizit als Teil der Verständigung zulässig und vorgesehen ist.

e) „Es wurde eine konkrete Strafhöhe thematisiert (z. B. Freiheitsstrafe von drei Jahren, Geldstrafe von 90 Tagessätzen)." (N = 6028)

Tabelle 48. Verteilung der Antworten auf Frage 18e (Punktstrafe).

Antwort	Anzahl der Antworten	Anteil in Prozent
Ja, konkrete Vereinbarung	2160	35,8
Ja, nur Gespräche	1028	17,1
Nein	2114	35,1
Weiß nicht	726	12,0

Während ein Strafrahmen als Gegenstand der Verständigung explizit erlaubt ist, gilt dies nicht für konkrete Strafhöhen. Die Vereinbarung sogenannter „Punktstrafen" ist verboten.[150] Dennoch berichtete mehr als jeder dritte Schöffe (35,8 %), eine konkrete Strafhöhe sei bereits Bestandteil einer am Ende der Absprache stehenden Vereinbarung gewesen. Weitere 17,1 % gaben zudem an, dass darüber Gespräche geführt worden seien.

150 Vgl. nur *Moldenhauer/Wenske* in: KK-StPO 9. Aufl. 2023, § 257c Rn. 20 mit Rechtsprechungsnachweisen.

f) „Es wurde eine Aussetzung der zu verhängenden Freiheitsstrafe zur Bewährung thematisiert." (N = 6030)

Tabelle 49. Verteilung der Antworten auf Frage 18f (Strafaussetzung).

Antwort	Anzahl der Antworten	Anteil in Prozent
Ja, konkrete Vereinbarung	2017	33,4
Ja, nur Gespräche	1163	19,3
Nein	2218	36,8
Weiß nicht	632	10,5

36,8 % der Befragten gaben an, keine Kenntnis von Absprachen über eine etwaige Strafaussetzung zur Bewährung zu haben. Demgegenüber wussten immerhin knapp genauso viele Befragte (33,4 %) von einer derartigen Abmachung zu berichten. Eine Vereinbarung darüber ist gemäß § 257c Abs. 2 S. 1 StPO bei Verständigungen ausdrücklich zulässig, da es sich bei der Strafaussetzung zur Bewährung um eine Rechtsfolge handelt, „die Inhalt des Urteils und der dazugehörigen Beschlüsse" ist.[151]

g) „Es wurde eine zukünftige Aussetzung des Restes der zu verhängenden Freiheitsstrafe thematisiert." (N = 6024)

Tabelle 50. Verteilung der Antworten auf Frage 18g (Strafrestaussetzung).

Antwort	Anzahl der Antworten	Anteil in Prozent
Ja, konkrete Vereinbarung	789	13,1
Ja, nur Gespräche	734	12,2
Nein	3514	58,3
Weiß nicht	987	16,4

Erwartungsgemäß eher selten scheinen die Schöffen dagegen Absprachen miterlebt zu haben, in denen eine zukünftige Strafrestaussetzung nach § 57 StGB vereinbart oder darüber gesprochen wurde. Immerhin sind es aber jeweils in absoluten Zahlen 700 bis 800 der befragten Schöffen, die sich

151 Vgl. statt aller *Moldenhauer/Wenske* in: KK-StPO 9. Aufl. 2023, § 257c Rn. 15a; krit. aber z. B. *Eschelbach* in: Graf StPO 4. Aufl. 2021, § 257c Rn. 15.

an derartige Konstellationen zu erinnern glaubten. Gemäß § 257c Abs. 2 S. 1 StPO wäre dies mit den geltenden Regelungen nicht vereinbar.[152]

h) „Es wurde eine Einstellung weiterer mitangeklagter Straftaten nach den §§ 154, 154a StPO thematisiert (bei mehreren Taten, die einem Angeklagten zur Last gelegt sind: Einstellung eines Teils der Taten)." (N = 6022)

Tabelle 51. Verteilung der Antworten auf Frage 18h (Teileinstellungen).

Antwort	Anzahl der Antworten	Anteil in Prozent
Ja, konkrete Vereinbarung	2028	33,7
Ja, nur Gespräche	739	12,3
Nein	2400	39,9
Weiß nicht	855	14,2

Die Vereinbarung von Teileinstellungen angeklagter Straftaten oder Teilen davon gemäß den §§ 154 Abs. 2, 154a Abs. 2 StPO ist im Rahmen einer Verständigung möglich.[153] Nach den Angaben der Schöffen wurde in mehr als einem Drittel der Verfahren (33,7 %) eine derartige Teileinstellung vereinbart, bei weiteren 12,3 % wurde darüber gesprochen. Zu beachten ist, dass mit den Fragen 18h und i aufgrund der Komplexität der §§ 154, 154a StPO die Grenze dessen erreicht sein dürfte, was man juristische Laien sinnvollerweise noch fragen kann.

152 *Eschelbach* in: Graf StPO 4. Aufl. 2021, § 257c Rn. 11.6; *Moldenhauer/Wenske* in: KK-StPO 9. Aufl. 2023, § 257c Rn. 18e.

153 Siehe *Jahn/Kaufmann/Schmitt-Leonardy* in: *Altenhain/Jahn/Kinzig*, 2020, S. 157; darüber hinaus etwa *Jahn* in: MüKo-StPO 2. Aufl. 2023, § 257c Rn. 110 ff.

i) „Es wurden weitere gegen den/die Angeklagte/n (noch bei einer Staatsanwaltschaft in Ermittlung befindliche oder bereits angeklagte) anhängige Strafverfahren thematisiert." (N = 6023)

Tabelle 52. Verteilung der Antworten auf Frage 18i (Einstellungen weiterer Verfahren).

Antwort	Anzahl der Antworten	Anteil in Prozent
Ja, konkrete Vereinbarung	1086	18,0
Ja, nur Gespräche	1583	26,3
Nein	2521	41,9
Weiß nicht	833	13,8

Darauf, dass Schöffen durchaus eine Sensibilität für das rechtlich Zulässige besitzen, deuten ihre Antworten auf Frage 18i hin, die sich von denjenigen auf die vorherige Frage 18h merklich unterscheiden. Konkrete Vereinbarungen über weitere gegen den Angeklagten anhängige Strafverfahren erlebt zu haben, gaben nur 18,0 % an. Weitere 26,3 % berichteten von Gesprächen darüber. Derartige Vereinbarungen werden in der Literatur nicht als generell unzulässig angesehen. Da Verständigungen jedoch nur über die Gegenstände des betreffenden Verfahrens erfolgen können, nehmen entsprechende Abmachungen nicht an der in § 257c Abs. 4 StPO vorgesehenen Bindungswirkung teil.[154]

j) „Es wurde eine Schadenswiedergutmachung des/der Angeklagten thematisiert." (N = 6019)

Tabelle 53. Verteilung der Antworten auf Frage 18j (Schadenswiedergutmachung).

Antwort	Anzahl der Antworten	Anteil in Prozent
Ja, konkrete Vereinbarung	1468	24,4
Ja, nur Gespräche	748	12,4
Nein	3102	51,5
Weiß nicht	701	11,6

154 *Jahn* in: MüKo-StPO 2. Aufl. 2023, § 257c Rn. 111; *Moldenhauer/Wenske* in: KK-StPO 9. Aufl. 2023, § 257c Rn. 15f, g.

Verbindliche Verständigungen, die Schadenswiedergutmachungen der Angeklagten zum Gegenstand haben, scheinen nach den Angaben der Schöffen eher die Ausnahme als die Regel zu sein. Über die Hälfte der Schöffen (51,5 %), denen die Teilfrage 18j gestellt wurde, antworteten „Nein" auf die Frage, ob sie von derartigen Absprachеinhalten oder -gesprächen wüssten. Knapp ein Viertel (24,4 %) berichtete demgegenüber, dass konkrete Vereinbarungen über Schadenswiedergutmachungen getroffen worden seien.[155] Die Schadenswiedergutmachung als Teil einer Verständigung ist vom Gesetzgeber nicht untersagt.[156]

k) „Es wurde eine Entschuldigung des/der Angeklagten bei dem/der/den Geschädigten thematisiert." (N = 6018)

Tabelle 54. Verteilung der Antworten auf Frage 18k (Entschuldigung).

Antwort	Anzahl der Antworten	Anteil in Prozent
Ja, konkrete Vereinbarung	1118	18,6
Ja, nur Gespräche	836	13,9
Nein	3408	56,6
Weiß nicht	656	10,9

Ebenfalls erlaubt ist die Vereinbarung einer Entschuldigung des Angeklagten im Rahmen der Verständigung.[157] Wie schon aufgrund der Ergebnisse aus der Befragung justizieller Akteure zu erwarten war,[158] ist eine derartige Übereinkunft auch nach den Angaben der Schöffen eher selten. 56,6 % von ihnen gaben an, dies in ihrer richterlichen Praxis bisher noch nicht erlebt zu haben.

155 Vgl. auch *Kinzig/Iberl/Koch*, 2020, S. 228 ff.
156 Siehe z. B. *Eschelbach* in: Graf StPO 4. Aufl. 2021, § 257c Rn. 17.
157 Siehe z. B. *Stuckenberg* in: Löwe/Rosenberg StPO 27. Aufl. 2021, § 257c Rn. 38.
158 *Kinzig/Iberl/Koch*, 2020, S. 230.

l) „Es wurde die Unterbringung in einer stationären Maßregel (psychiatrisches Krankenhaus/Entziehungsanstalt/Sicherungsverwahrung) thematisiert." (N = 6020)

Tabelle 55. Verteilung der Antworten auf Frage 18l (Stationäre Maßregel).

Antwort	Anzahl der Antworten	Anteil in Prozent
Ja, konkrete Vereinbarung	1650	27,4
Ja, nur Gespräche	839	13,9
Nein	2971	49,4
Weiß nicht	560	9,3

Ausdrücklich verboten ist in § 257c Abs. 2 S. 3 StPO die Verständigung über jegliche, also ambulante wie stationäre, Maßregeln der Besserung und Sicherung. Durchaus bemerkenswert ist vor diesem Hintergrund, dass mit 27,4 % mehr als ein Viertel der dazu befragten Schöffen angab, konkrete Vereinbarungen darüber erlebt zu haben. Dieses Ergebnis korrespondiert in gewisser Weise mit den Angaben der zuvor befragten justiziellen Akteure, von denen 17,5 % die Auffassung äußerten, dass Absprachen über Maßregeln der Besserung und Sicherung „häufiger" seien.[159]

m) „Es wurde eine Entziehung der Fahrerlaubnis/Dauer der Sperre der Fahrerlaubnis thematisiert." (N = 6019)

Tabelle 56. Verteilung der Antworten auf Frage 18m (Fahrerlaubnis).

Antwort	Anzahl der Antworten	Anteil in Prozent
Ja, konkrete Vereinbarung	565	9,4
Ja, nur Gespräche	373	6,2
Nein	4409	73,3
Weiß nicht	672	11,2

Bekanntlich handelt es sich auch bei der Entziehung der Fahrerlaubnis nach den §§ 69 ff. StGB um eine Maßregel der Besserung und Sicherung, die daher nicht Gegenstand einer Verständigung im Strafprozess sein darf. Auch darüber scheint es hin und wieder konkrete Absprachen zu geben

159 *Kinzig/Iberl/Koch*, 2020, S. 49 f.

(9,4 %),[160] wenngleich diese nach den Angaben der Schöffen nur selten vorkommen.

n) „Es wurde ein Berufsverbot thematisiert." (N = 6017)

Tabelle 57. Verteilung der Antworten auf Frage 18n (Berufsverbot).

Antwort	Anzahl der Antworten	Anteil in Prozent
Ja, konkrete Vereinbarung	94	1,6
Ja, nur Gespräche	148	2,5
Nein	5143	85,5
Weiß nicht	632	10,5

Noch seltener als Absprachen über die Entziehung der Fahrerlaubnis sind augenscheinlich Absprachen über ein Berufsverbot gemäß § 70 StGB. Nur 1,6 % der Schöffen berichteten von einer konkreten Vereinbarung, welche nach § 257c Abs. 2 S. 3 StPO ebenfalls einen Gesetzesverstoß darstellen würde. Damit stimmt der Befund überein, dass eine Anordnung derartiger Berufsverbote in der forensischen Praxis ohnehin sehr selten ist.[161] Dies ist ein weiterer Beleg dafür, dass die Schöffen die juristischen Vorgänge um sie herum durchaus realistisch einzuschätzen wissen.

o) „Es wurde die Aufhebung oder Aussetzung eines Haftbefehls thematisiert." (N = 6019)

Tabelle 58. Verteilung der Antworten auf Frage 18o (Haftbefehl).

Antwort	Anzahl der Antworten	Anteil in Prozent
Ja, konkrete Vereinbarung	676	11,2
Ja, nur Gespräche	551	9,2
Nein	4115	68,4
Weiß nicht	677	11,2

160 Vgl. auch die Ergebnisse der leitfadengestützten Interviews in *Altenhain/Brandt/Herbst*, 2020, S. 353 ff.

161 *Kinzig* in: Schönke/Schröder StGB 30. Aufl. 2019, § 70 Rn. 1.

Selten sind laut den Antworten der Schöffen auch konkrete Vereinbarungen über die Aufhebung bzw. Aussetzung eines Haftbefehls, wenngleich eine solche Abmachung nach § 257c Abs. 2 S. 1 StPO nicht ausdrücklich verboten ist.[162] Nur 11,2 % der Schöffen berichteten von einer solchen Vorgehensweise.

p) „Es wurde ein Rechtsmittelverzicht thematisiert." (N = 6019)

Tabelle 59. Verteilung der Antworten auf Frage 18p (Rechtsmittelverzicht).

Antwort	Anzahl der Antworten	Anteil in Prozent
Ja, konkrete Vereinbarung	1585	26,3
Ja, nur Gespräche	725	12,0
Nein	2803	46,6
Weiß nicht	906	15,1

Im Rahmen der vorangegangenen Online-Befragung der justiziellen Akteure erklärten immerhin 11,3 % der befragten Richter, dass auch ein Rechtsmittelverzicht oder eine Rechtsmittelbeschränkung in ihrer Praxis Gegenstand von Verständigungen sei.[163] Zudem zweifelten in den leitfadengestützten Interviews befragte Richter die Praxistauglichkeit der Verständigungen auch deshalb an, weil der Verzicht auf Rechtsmittel gemäß § 302 Abs. 1 S. 2 StPO ausdrücklich nicht in einer Verständigung vereinbart werden darf.[164] Dass 26,3 % der Schöffen dennoch von Vereinbarungen über einen Rechtsmittelverzicht berichteten, deckt sich daher gut mit den Erkenntnissen der Vorstudie.

Um die Erfahrungen der Schöffen zu den Inhalten von Absprachen möglichst übersichtlich vergleichen zu können, werden im Folgenden die Antworten auf die Teilfragen 18c, e, l, m, n und p, die allesamt auch für juristische Laien eher leicht verständlich illegale Inhalte adressierten,[165] betrachtet. Der Anteil der Befragten, der mindestens von einer konkreten

162 Vgl. nur *Jahn* in: MüKo-StPO 2. Aufl. 2023, § 257c Rn. 102 ff.

163 *Altenhain/Jahn/Kinzig*, 2020, S. 535.

164 *Altenhain/Brandt/Herbst*, 2020, S. 445 ff. Siehe auch die Antworten der Befragten des BGH und des GBA in *Kinzig/Iberl/Koch*, 2020, S. 264 f.

165 Die Antworten auf die möglicherweise schwerer zu verstehende Frage 18g wurden daher ausgeklammert.

Vereinbarung über einen illegalen Abspracheinhalt berichtete, bildet einen Richtwert für das Ausmaß der Verbreitung informeller Absprachen. Anhand dieses Richtwertes lassen sich verschiedene Teilmengen von Befragten relativ einfach miteinander vergleichen. Auch wenn mit diesem Vorgehen eine Reduktion von Komplexität verbunden ist, erscheint eine derartige zusammenfassende Auswertung und Darstellung der Ergebnisse informativ.

Dabei gilt es zu berücksichtigen, dass die in der Folge genannte Häufigkeit illegaler Inhalte bei Absprachen nicht mit derjenigen informeller Absprachen generell gleichzusetzen ist. Denn über die abgefragten Inhalte von Absprachen hinaus können weitere Gründe vorliegen, eine Absprache als informell zu klassifizieren. Zudem beziehen sich die nachfolgenden Verteilungen auf einmalige Beobachtungen der Schöffen – wenn ein Schöffe also beispielsweise bereits 20 Absprachen erlebt hat, von denen nur eine, z. B. aufgrund der Festlegung einer Punktstrafe, informell war, fällt diese Angabe genauso stark ins Gewicht wie die eines anderen Schöffen, der erst fünf Absprachen erlebt hat, bei denen aber in allen Fällen eine derartige Punktstrafe vereinbart wurde. Nachfolgend werden also nur Werte für den Anteil von Schöffen genannt, die ihren Angaben nach bereits mindestens eine unzulässige informelle Absprache erlebt haben.

Insgesamt berichteten 68,6 % der 6034 Schöffen, denen Frage 18 gestellt wurde, von mindestens einem illegalen Abspracheinhalt. Über zwei Drittel der Schöffen, die bereits eine Absprache erlebt haben, sind ihren Angaben nach also Zeugen und in einem gewissen Sinn auch Beteiligte einer informellen Absprache geworden. Bei Gegenüberstellung der Anteile nach der entscheidenden Instanz ergeben sich keine nennenswerten Unterschiede (AG: 66,7 %, LG: 69,1 %). Dies bildet einen Gegensatz zu den Ergebnissen der Untersuchung von *Altenhain*, *Jahn* und *Kinzig*, nach denen am Amtsgericht mehr informelle Absprachen stattfinden als am Landgericht.[166] Auch ein Vergleich nach der genauen Funktion der Schöffen zeigt keine auffälligen Unterschiede. Bei Jugendschöffen ergab sich mit 66,7 % ein ähnlich hoher Prozentsatz wie bei den Erwachsenenschöffen (68,9 %).

Überdurchschnittlich erfahrene Schöffen berichteten häufiger (72,0 %) von mindestens einer konkreten Vereinbarung zu Inhalten, die bei Verständigungen verboten sind, als ihre weniger erfahrenen Kollegen (61,8 %). Dies wiederum ist nicht verwunderlich, da Schöffen mit weniger Erfahrung auch weniger Gelegenheiten hatten, mit illegalen Absprachen in Berührung zu kommen. Bemerkenswert ist eher, dass dieser Unterschied nicht deut-

166 *Altenhain/Jahn/Kinzig*, 2020, S. 536.

licher ausfällt. Auch weniger erfahrene Schöffen äußerten sich demnach mehrheitlich dahingehend, bereits derart unzulässige Absprachen erlebt zu haben.

Wertet man die so identifizierten illegalen Absprachen nach den einzelnen Bundesländern aus, zeigen sich jedoch gewisse Unterschiede (s. Tabelle 60). Erneut Berlin (76,8 %), Bremen (75,9 %), Thüringen (73,9 %), das Saarland (73,8 %) und Sachsen-Anhalt (73,3 %) fallen durch hohe Prozentsätze an Antworten auf, die auf konkrete Vereinbarungen illegaler Abspracheinhalte hinweisen. In Brandenburg (55,9 %), Hamburg (61,9 %), Baden-Württemberg (64,4 %) und Niedersachsen (65,9 %) wird den Schilderungen der Schöffen zufolge bei Absprachen dagegen gesetzeskonformer vorgegangen. Auch bei dieser vergleichenden Darstellung ist der je nach Bundesland unterschiedliche Rücklauf zu berücksichtigen. So können z. B. die Angaben der 25 Schöffen aus Mecklenburg-Vorpommern nicht ohne weiteres verallgemeinert werden. Dennoch ergeben sich unverkennbare Parallelen zu den Ergebnissen der Studie von *Altenhain*, *Jahn* und *Kinzig*. Dort erwiesen sich nach den Angaben der justiziellen Akteure – und ausgewertet mit einer anderen Methodik – Berlin und Mecklenburg-Vorpommern (Anteil der Antwortoptionen „sehr häufig“ oder „häufig“ von je 28,6 %), sowie Bremen und Hessen (je 19,2 %) als diejenigen Bundesländer, in denen am häufigsten von informellen Absprachen berichtet wurde.[167] Somit kann aufgrund der Zusammenschau beider Studien vor allem in Berlin und Bremen von einer überdurchschnittlichen Verbreitung einer illegalen Absprachepraxis ausgegangen werden. Auffällig hohe Häufigkeiten sind auch für Mecklenburg-Vorpommern und Thüringen festzustellen.

167 *Kinzig/Iberl/Koch*, 2020, S. 297; siehe auch *Kinzig*, DRiZ 2020, S. 436 (440). Die Prozentangaben bilden Antworthäufigkeiten der justiziellen Akteure auf die Frage ab, wie häufig informelle Absprachen in ihrer eigenen Praxis vorkommen. Dabei standen die Antwortoptionen „sehr häufig“, „häufig“, „selten“, „nie“ und „keine Erfahrungswerte“ zur Auswahl. Leicht abweichende Ergebnisse erzielt man, wenn man die drei Antwortkategorien „sehr häufig“, „häufig“ und „selten“ addiert. In diesem Fall erhält man Kennwerte für den Anteil justizieller Akteure, die zumindest hin und wieder gegen die geltenden Regelungen verstoßen. Als Bundesländer mit den höchsten Prozentsätzen imponieren dann Berlin (59,4 %), Thüringen (59,0 %), Mecklenburg-Vorpommern (57,2 %) und Bremen (53,8 %).

Tabelle 60. Anteil der Schöffen, die mindestens einen illegalen Absprachein-halt berichteten, nach Bundesland.

Bundesland	**Anteil der Schöffen, die mindestens einen illegalen Abspracheinhalt berichteten, in Prozent**
Baden-Württemberg (N = 638)	64,4
Bayern (N = 1511)	70,1
Berlin (N = 69)	76,8
Brandenburg (N = 152)	55,9
Bremen (N = 54)	75,9
Hamburg (N = 365)	61,9
Hessen (N = 443)	69,3
Mecklenburg-Vorpommern (N = 25)	72,0
Niedersachsen (N = 694)	65,9
Nordrhein-Westfalen (N = 904)	70,7
Rheinland-Pfalz (N = 198)	68,7
Saarland (N = 122)	73,8
Sachsen (N = 538)	72,3
Sachsen-Anhalt (N = 75)	73,3
Schleswig-Holstein (N = 181)	69,6
Thüringen (N = 65)	73,9

Frage 19: Welche sonstigen Inhalte waren Gegenstand einer Absprache zwischen den Verfahrensbeteiligten? (N = 475; Freitext-Eingabe; *Anmerkung:* Diese Frage wurde nur Personen gestellt, welche Frage 9 mindestens mit „1" beantworteten.)

Ähnlich wie bei den Antworten auf Frage 17 wurden auch hier in den Freitext-Angaben Inhalte geschildert, die schon größtenteils durch die diversen Antwortmöglichkeiten auf Frage 18 abgedeckt waren. Am häufigsten nannten die Teilnehmer dabei Geständnisse (44), zumeist in Bezug auf die „Benennung von Mittätern" (ID 8259) und eine damit verbundene „Aussicht auf strafmildernde Umstände" (ID 2031). Ähnlich viele Schöffen (42) beschrieben Absprachen über die Strafhöhe (z. B. „Einschätzungen der einzelnen Parteien über ein mögliches Strafmaß", ID 7128). 31 Befragte schilderten Fragen der Bewährung als Inhalt (z. B. „Die Strafe wurde zur Bewährung ausgesetzt, wenn der Beklagte an einem Antiaggressionskurs teilnimmt", ID 3586). Neun Schöffen beschrieben Vorgänge, die als verbotene Absprachen über den Schuldspruch gewertet werden können. Dabei wurden mehrfach Verfahren mit Tötungsdelikten genannt. So erläuterte ein Schöffe aus Niedersachsen (ID 66), in einem Fall seien „Verteidigung, Staatsanwaltschaft und das Gericht (inkl. der Schöffen)" darin übereingekommen, „die Anklage von Mord auf Totschlag abzuwandeln". Anderen Absprachen hätte zugrunde gelegt, welche Tatbestandsmerkmale erfüllt gewesen seien. Eine Schöffin aus Schleswig-Holstein (ID 8449) schilderte, dass einem Angeklagten im Falle „einer umfassenden Aussage" in Aussicht gestellt worden sei, die angeklagte Tat als einen minder schweren Fall zu klassifizieren. Jeweils vier Schöffen erwähnten Absprachen über Beweiserhebungen bzw. -anträge und über einen Rechtsmittelverzicht. So wurde sich einer Teilnehmerin aus Berlin zufolge darauf geeinigt, „bestimmte Beweismittel nicht zu verwenden" (ID 135). Ein bayerischer Schöffe (ID 2738) beschrieb im Detail, wie es bei Absprachen zu einem Rechtsmittelverzicht gekommen sei: „Man muss sich das auch oft als nicht direkt sichtbare Absprachen vorstellen. Beispiel: Die Staatsanwaltschaft ist schon öfters weit unter dem möglichen Strafrahmen geblieben. Dafür hat der Angeklagte mit dem Verteidiger alles zugegeben. Und der Richter und die Schöffen stimmen dem dann zu (einschließlich ich). Auf Rechtsmittel wurde dann natürlich verzichtet".

Auch lassen sich 37 Ergänzungen, die unter „Therapie- oder Entzugsmaßnahmen" zusammengefasst werden können, weitgehend mit den Antworten zur Teilfrage 18l zur Vereinbarung der Unterbringung in einer stationären Maßregel in Übereinstimmung bringen. Zusätzlich wurden in diese Kategorie damit verbundene Inhalte eingeordnet, wie etwa „die Durchführung von regelmäßigen Drogentests“ (ID 7556). Daneben nannten 14 Schöffen „Einstellungen“ als Gegenstand von Absprachen, wobei sie in der Regel nicht zwischen den unterschiedlichen Rechtsgrundlagen für eine Einstellung differenzierten. Daher bleibt unklar, wie viele dieser Freitext-Antworten sich mit den auf die Frage 18h gegebenen Antworten überschneiden. Beschrieben wurden etwa die Abspracheinhalte „Einstellung des Verfahrens mit Geldauflage“ (ID 3656) oder „Einstellung des Verfahrens gegen Auflagen“ (ID 161).

Als weiterer Gesprächsgegenstand bei Absprachen wurden Rechtsmittel bzw. deren „Rücknahme“ erwähnt (44). Exemplarisch schrieb ein hessischer Teilnehmer (ID 8981): „Es wurde verabredet, wie die Strafe der 1. Instanz so umgewandelt werden kann, dass die Strafe der Klägerin zufließen kann. Im Gegenzug wird die Berufung der Klägerin zurückgezogen und dem Angeklagten (verurteilt vom AG) wird nur ein Schmerzensgeld auferlegt. Die ursprüngliche Bewährungsstrafe wird dann erlassen.“

36 Angaben von Schöffen zu weiteren Inhalten von Verfahrensabsprachen lassen sich unter den Oberbegriffen „Resozialisierung“ und „Erziehungsgedanke“ zusammenfassen, wobei eine konkrete juristische Einordnung der beschriebenen Vorgänge offenbleiben muss. „In einem Verfahren ging es darum, ob und wie der Angeklagte seine Promotion abschließen kann“, führte etwa ein Schöffe, der sich derzeit in seiner ersten Amtsperiode befindet, aus (ID 2039). Ein nicht mehr aktiver Schöffe aus Rheinland-Pfalz (ID 6592) nahm darüber hinaus ganz generell zu Absprachen als geeignetes Instrument bei jugendlichen Straftätern Stellung: „Je nach Schwere des Delikts (z. B. Drogenmissbrauch mit Beschaffungskriminalität) in Jugendstrafsachen sind Absprachen zwischen allen Beteiligten (Richter/Staatsanwalt/Verteidigung) sinnvoll. Es ist immer zu prüfen ob entsprechende Maßnahmen für die Entwicklung der/des Angeklagten positiv und für die zukünftige Entwicklung sinnvoll sind. Dies ist dienlich für die betreffende Person sowie für unsere Gesellschaft“.

34 Schöffen betonten an dieser Stelle verfahrensökonomische Hintergründe für das Treffen von Verfahrensabsprachen; ihnen zufolge sei unter anderem über die „Verkürzung des Verfahrens“ (ID 3419) oder die „Notwendigkeit der Befragung bestimmter Zeugen“ (ID 9180) verhandelt worden. Ein möglicher Täter-Opfer-Ausgleich oder ein Schadensersatz wurde von 22 Schöffen als Gegenstand von Absprachen identifiziert. Ein süddeutscher Schöffe (ID 6316) äußerte sich dazu anschaulich folgender-

maßen: „Der Angeklagte/Verteidigung bot einen fünfstelligen Betrag zur Begleichung der Zahnarztkosten des Geschädigten aus einem bis zu diesem Zeitpunkt den Prozessbeteiligten nicht bekannten finanziellen Fundus gegen Aussetzung der Freiheitsstrafe zur Bewährung. Nachdem sowohl die Staatsanwältin und der Kläger wie auch dessen Anwalt die Absprache begrüßten, kam das Gericht einstimmig zu einem entsprechenden Urteil." Immerhin 13-mal nannten Schöffen Absprachegegenstände, die aufenthaltsrechtliche Inhalte, wie etwa eine drohende Ausweisung, betrafen. So gab ein Hamburger Schöffe (ID 5780) an, dass ein „Verzicht auf Freiheitsstrafe bei Rückreise ins Herkunftsland" verhandelt worden sei.

Tabelle 61. Kategorisierte Freitext-Antworten bei Frage 19 und Anzahl der jeweiligen Nennungen. Teilweise wurde eine Antwort mehreren Kategorien zugeordnet. N = 475.

Kategorien der Freitext-Antworten	**Anzahl Nennungen**
Keine	162
Geständnis	44
(Rücknahme eingelegter) Rechtsmittel	44
Strafmaß	42
Therapie- oder Entzugsmaßnahmen	37
Resozialisierung/Erziehungsgedanke	36
Verfahrensökonomie	34
Bewährung	31
Täter-Opfer-Ausgleich/Schadensersatz	22
Einstellung	14
Aufenthaltsrechtliche Inhalte (z. B. Ausreise)	13
Schuldspruch	9
Beweiserhebungen/-Anträge	4
Rechtsmittelverzicht	4
Sonstiges	86

Frage 20: Wie hoch war nach Ihrer Einschätzung in der Regel der Strafnachlass für den/die Angeklagte/n nach einer vorangegangenen Absprache (d. h. wie viel „milder“ fiel das Urteil im Vergleich zu ähnlichen Sachverhalten aus, bei denen keine Absprache erfolgte)? (N = 5792; *Anmerkung:* Diese Frage wurde nur Personen gestellt, welche Frage 9 mindestens mit „1“ beantworteten.)

Tabelle 62. Verteilung der Antworten auf Frage 20 (Strafnachlass).

Höhe des Strafnachlasses	Anzahl der Antworten	Anteil in Prozent
kein Strafnachlass	552	9,5
1–5 %	283	4,9
6–10 %	557	9,6
11–15 %	441	7,6
16–20 %	670	11,6
21–25 %	502	8,7
26–30 %	325	5,6
31–35 %	148	2,6
36–40 %	102	1,8
41–45 %	44	0,8
46–50 %	95	1,6
mehr als 50 % Strafnachlass	101	1,7
keine Erfahrungswerte	1972	34,0

Bei der Frage nach der Höhe des Strafnachlasses, der aufgrund einer Absprache in der Regel gewährt wurde, bevorzugte rund ein Drittel der Befragten (34,0 %) die Option „keine Erfahrungswerte“. Dies dürfte vor allem daran liegen, dass viele Schöffen generell nur über eine begrenzte Erfahrung in Bezug auf Absprachen und Strafverfahren allgemein verfügen (s. Fragen 4 und 9). Denn um die übliche Höhe eines Strafnachlasses schätzen zu können, müssen entweder Sanktionen von Urteilen, die auf Absprachen beruhen, mit solchen, die in streitigen Verfahren ergehen, verglichen werden oder der konkrete Strafnachlass muss Gegenstand der Beratungen gewesen sein. Darüber hinaus kann diese Zurückhaltung auch als ein Bemühen um seriöse Antworten auf die gestellten Fragen gedeutet werden.

Dennoch lassen sich die Angaben der Schöffen auf diese Frage mit denen der justiziellen Akteure in der Studie von *Altenhain, Jahn* und *Kinzig* vergleichen. Dort wurde bei identischer Fragestellung der mittlere Strafnachlass auf 20,8 % geschätzt.[168] Berechnet man den mittleren Strafnachlass als Konsequenz einer erfolgten Absprache aufgrund der Antworten der Schöffen, ergibt sich ein damit durchaus vergleichbarer, wenn auch etwas niedrigerer Wert von 17,4 %.[169] Diese Diskrepanz ist darauf zurückzuführen, dass im Gegensatz zu den Berufsjuristen mit 9,5 % ein relativ großer Anteil der Schöffen für die Option „kein Strafnachlass" votierte. Wieso diese Kategorie von den ehrenamtlichen Richtern etwas häufiger ausgewählt wurde als von Berufsjuristen,[170] ist unklar. Möglicherweise ist gerade unerfahreneren Schöffen (noch) nicht oder nicht immer hinreichend bewusst, dass eine Absprache üblicherweise einen Strafrabatt zur Folge hat, auch wenn diese regelmäßige Konsequenz in § 257c StPO keine gesonderte Erwähnung findet. Zudem könnten Schöffen noch eher einem Ideal wie auch immer gearteter strikt tatschuldangemessener Urteile verhaftet sein, während Juristen mit langjähriger Erfahrung die bei einer Absprache und einem Geständnis gängige Strafmilderung bereits stärker internalisiert haben und daher als selbstverständlich ansehen dürften. Dies könnte im Ergebnis dazu beitragen, dass relativ viele Schöffen der Ansicht waren, es habe in ihren Fällen keine Strafnachlässe gegeben.

Frage 21: Bei ungefähr wie vielen der x[171] Absprachen, an denen Sie seit 2014 teilgenommen haben oder über die Sie seit 2014 informiert worden sind, hatten Sie Zweifel, dass die Absprache zulässig war? (N = 5790; Zahleneingabe; *Anmerkung:* Diese Frage wurde nur Personen gestellt, welche Frage 9 mindestens mit „1" beantworteten.)

Zweifel an der Zulässigkeit der Absprachen, an denen die Schöffen teilgenommen haben oder über die sie in den letzten Jahren informiert worden sind, wurden eher selten berichtet. Der arithmetische Mittelwert der ange-

---

168 *Kinzig/Iberl/Koch*, 2020, S. 217. Siehe auch *Altenhain/Brandt/Herbst*, 2020, S. 400, nach denen der durchschnittliche Strafnachlass auf 25 % approximiert wird.

169 Approximiert über die mittleren Prozentzahlen aller Kategorien (z. B. 3 % für die Kategorie „1–5 %" und 48 % für die Kategorie „45–50 %"). Die Kategorie „keine Erfahrungswerte" wurde dabei nicht berücksichtigt.

170 Vgl. *Kinzig/Iberl/Koch*, 2020, S. 217.

171 An dieser Stelle wurde jeweils die Zahl eingeblendet, die die Befragten zuvor bei Frage 9 eingegeben hatten. Diese Zahl „x" bildete gleichzeitig den Höchstwert, der als Eingabe akzeptiert wurde.

gebenen Zahl an Absprachen beträgt nur 0,5, der Median 0,0 (Standardabweichung: 2,1). Sowohl diese niedrigen Werte als auch das Histogramm der angegebenen Anzahlen (s. Abbildung 10 oben) machen deutlich, dass nur ein Bruchteil der Schöffen die von ihnen getragenen Absprachen in Frage stellt: So gaben immerhin 85,4 % der Schöffen, die an Absprachen beteiligt waren, rückblickend an, nie an deren Legalität gezweifelt zu haben.

Das Verhältnis der Absprachen, an deren Zulässigkeit Zweifel bestanden, zu allen miterlebten Absprachen beträgt über alle Teilnehmer aggregiert 0,09. Im Schnitt wurde also nur bei rund jeder zehnten Absprache geargwöhnt, dass es sich um einen unzulässigen Vorgang gehandelt haben könnte. Wenn Befragte überhaupt Zweifel an der Zulässigkeit einer Absprache hatten, dann gaben sie häufig an, dass dies bei allen von ihnen miterlebten Absprachen der Fall gewesen sei (s. Abbildung 10 unten).

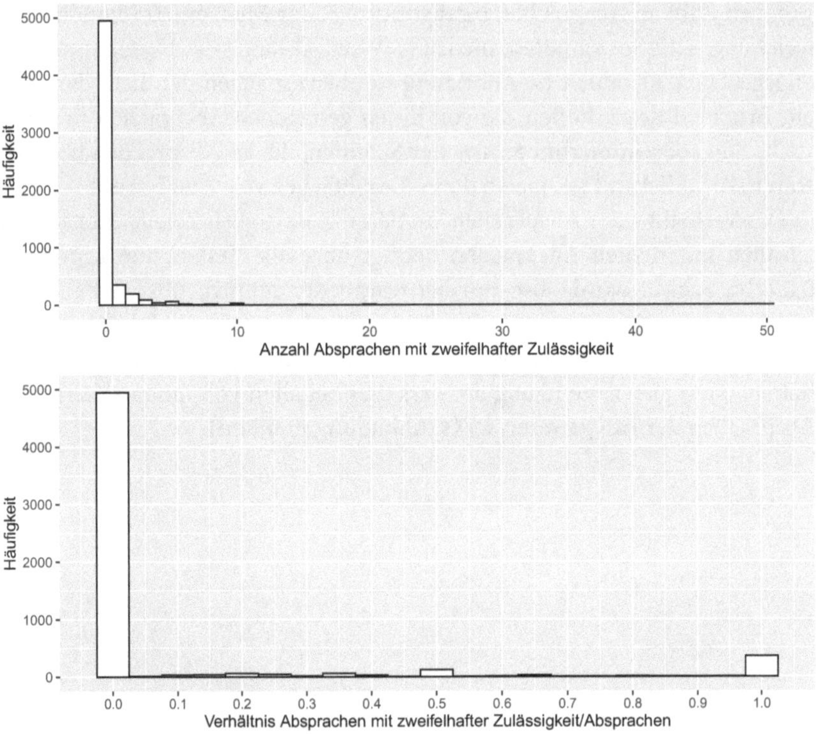

Abbildung 10. Oben: Histogramm der geschätzten Anzahl von Absprachen, an deren Zulässigkeit die Befragten zweifelten. Unten: Histogramm des Verhältnisses zwischen der geschätzten Anzahl von Absprachen, an deren Zulässigkeit die Befragten zweifelten, und der Gesamtanzahl der berichteten Absprachen („Zweifelquote" pro Absprache).

Hinsichtlich des Verhältnisses von Absprachen, an deren Zulässigkeit Zweifel aufkamen, zu Absprachen insgesamt bestehen keine Unterschiede zwischen den Antworten von Schöffen am Amts- oder Landgericht (jeweils Anteil von 0,09). Ähnlich ausgewogen gestaltet sich der Vergleich zwischen den Erfahrungen der Jugend- (0,10) und Erwachsenenschöffen (0,09). Eine leicht höhere Differenz ist bei den Quoten der erfahreneren (0,08) und unerfahreneren Schöffen zu finden (0,11). Eventuell ist dieser Unterschied auf den etwas häufigeren empfundenen Ausschluss der unerfahrenen Schöffen von Absprachen zurückzuführen (s. Frage 13). Womöglich sind Schöffen aber auch zu Beginn ihrer Tätigkeit eher misstrauisch gegenüber Absprachen jeglicher Art und werden von den Berufsjuristen in der Folge in einer gewissen Weise sozialisiert.

Auch zwischen den Bundesländern variiert der Anteil von Absprachen, an denen gezweifelt wurde, nicht besonders (s. Tabelle 63). Abgesehen von einzelnen Bundesländern, aus denen jedoch nicht viele Antworten vorliegen, bewegt sich das untersuchte Verhältnis in der Regel zwischen 0,08 und 0,11.

Tabelle 63. Durchschnittliches Verhältnis der Antworten auf Frage 21 (geschätzte Anzahl der berichteten Absprachen, an denen die Befragten teilgenommen haben oder über die sie informiert worden sind und an deren Zulässigkeit sie zweifelten) zu den Antworten auf Frage 9 (geschätzte Anzahl der Absprachen in allen Strafverfahren, an denen die Befragten seit dem Jahr 2014 mitgewirkt haben) nach Bundesländern.

Bundesland	**Durchschnittliches Verhältnis von „zweifelhaften" Absprachen zu Absprachen insgesamt**
Baden-Württemberg (N = 598)	0,10
Bayern (N = 1461)	0,08
Berlin (N = 67)	0,10
Brandenburg (N = 152)	0,07
Bremen (N = 51)	0,07
Hamburg (N = 341)	0,09
Hessen (N = 429)	0,10
Mecklenburg-Vorpommern (N = 25)	0,13
Niedersachsen (N = 665)	0,11
Nordrhein-Westfalen (N = 863)	0,09
Rheinland-Pfalz (N = 187)	0,08
Saarland (N = 120)	0,09
Sachsen (N = 520)	0,10
Sachsen-Anhalt (N = 71)	0,05
Schleswig-Holstein (N = 178)	0,10
Thüringen (N = 62)	0,10

Bei Betrachtung der Quoten nach Altersgruppen ergibt sich ein ebenfalls recht homogenes Bild (s. Tabelle 64). Die beiden jüngsten Altersgruppen zweifelten am ehesten an der Zulässigkeit miterlebter Absprachen. Ein eindeutiger Trend oder Alterseffekt ist indes nicht zu erkennen. Auch hinsichtlich des Geschlechts sind keine Unterschiede ersichtlich. Schöffinnen und Schöffen weisen gleichermaßen ein Verhältnis von 0,09 auf. Gewisse Unterschiede sind dagegen bei einer Auswertung nach dem Bildungsniveau zu erkennen (s. Tabelle 65). Demnach nimmt die Wahrscheinlichkeit, an der Legalität einer Absprache zu zweifeln, mit zunehmendem Bildungsstatus ab. Allerdings fällt dabei nur die Quote für Schöffen mit Haupt- bzw. Volksschulabschluss, die gleichzeitig quantitativ unterrepräsentiert sind, aus dem Rahmen. Die mittleren Quoten der Schöffen mit den Bildungsabschlüssen „Realschulabschluss/Mittlere Reife“, „Fach-/Hochschulreife“ und „Abgeschlossenes Fach-/Hochschulstudium“ unterscheiden sich demgegenüber nur geringfügig voneinander.

Tabelle 64. Durchschnittliches Verhältnis der Antworten auf Frage 21 (geschätzte Anzahl der berichteten Absprachen, an denen die Befragten teilgenommen haben oder über die sie informiert worden sind und an deren Zulässigkeit sie zweifelten) zu den Antworten auf Frage 9 (geschätzte Anzahl der Absprachen in allen Strafverfahren, an denen die Befragten seit dem Jahr 2014 mitgewirkt haben) nach Altersgruppen.

Alter	**Durchschnittliches Verhältnis von „zweifelhaften“ Absprachen zu Absprachen insgesamt**
30 oder jünger (N = 66)	0,12
31–35 (N = 219)	0,12
36–40 (N = 295)	0,08
41–45 (N = 431)	0,07
46–50 (N = 499)	0,08
51–55 (N = 854)	0,08
56–60 (N = 1120)	0,11
61–65 (N = 1120)	0,09
66–70 (N = 914)	0,09
71 oder älter (N = 215)	0,10
keine Angabe (N = 15)	0,17

Tabelle 65. Durchschnittliches Verhältnis der Antworten auf Frage 21 (geschätzte Anzahl der berichteten Absprachen, an denen die Befragten teilgenommen haben oder über die sie informiert worden sind und an deren Zulässigkeit sie zweifelten) zu den Antworten auf Frage 9 (geschätzte Anzahl der Absprachen in allen Strafverfahren, an denen die Befragten seit dem Jahr 2014 mitgewirkt haben) nach dem höchsten Bildungsniveau.

Bildung	**Durchschnittliches Verhältnis von „zweifelhaften" Absprachen zu Absprachen insgesamt**
Haupt-/Volksschulabschluss (N = 345)	0,16
Realschulabschluss/Mittlere Reife (N = 1364)	0,10
Fach-/Hochschulreife (N = 1227)	0,09
Abgeschlossenes Fach-/ Hochschulstudium (N = 2745)	0,08
keine Angabe (N = 67)	0,13

Während also insgesamt nur einzelne Schöffen an der Legalität der von ihnen miterlebten Absprachen zweifelten, ergab die Gesamtwürdigung der Antworten auf Frage 18, dass Einigungen über unzulässige Abspracheinhalte keine Seltenheit sind. Wie bereits ausgeführt, äußerten sich insgesamt zwei Drittel der Schöffen dahingehend, konkrete Abmachungen über mindestens einen verbotenen Inhalt erlebt zu haben. Eine naheliegende Interpretation dieser vermeintlich widersprüchlichen Ergebnisse ist, dass die Schöffen nicht gut darüber informiert sind, was bei Verständigungen erlaubt und was genau verboten ist. Somit sind sie allem Anschein nach nicht immer in der Lage, erlaubte von unerlaubten Inhalten einer Verständigung abzugrenzen.

Um zu prüfen, ob diese Erklärung zutreffen kann, wurden die Schöffen mit Absprachеerfahrung in zwei Gruppen unterteilt; in der ersten Gruppe sind Schöffen, die bereits an der Rechtmäßigkeit mindestens einer Absprache gezweifelt haben (also die bei Frage 21 mindestens „1" antworteten), in der zweiten Gruppe sind die Befragten, die bisher keine Zweifel hatten (also bei Frage 21 „0" angaben). Diese Gruppen lassen sich dann anhand ihrer Antworten über die unzulässigen Abspracheinhalte in Frage 18 vergleichen. Dabei wurde der gleiche Richtwert gebildet wie bei den tiefergehenden Analysen zu Frage 18: Ermittelt wurde der Prozentsatz der Schöffen, die bei mindestens einer der Teilfragen 18c, e, l, m, n und p, die illegale Inhalte thematisieren, die Antwortoption „Ja, konkrete Vereinbarung“ ausgewählt hatten.

Dabei zeigt sich, dass die Schöffen, die bereits Zweifel über die Zulässigkeit mindestens einer Absprache hegten, auch mehr illegale Abspracheinhalte in ihren Antworten auf Frage 18 berichteten. 76,0 % der „zweifelnden“ Schöffen erlebten mindestens eine konkrete Vereinbarung über einen illegalen Abspracheinhalt; unter den Schöffen, die keine Zweifel hegten, sind es „nur“ 67,9 %. Einige Schöffen scheinen also durchaus in der Lage zu sein, informelle Absprachen anhand der getroffenen inhaltlichen Vereinbarungen zu erkennen. Nichtsdestoweniger stuften mindestens zwei Drittel der Schöffen Absprachen nicht als unzulässig ein, obwohl sie verbotene Inhalte beobachtet zu haben glaubten. Dies deutet darauf hin, dass ein beträchtlicher Teil der Schöffen nicht gut genug über die Regelungen zur Verständigung informiert ist, um Verstöße dagegen zu erkennen. Dies verwundert freilich nicht, wurden die Normen zu diesem Rechtsinstitut in der Untersuchung von *Altenhain, Jahn* und *Kinzig* sogar von den damit befassten Berufsjuristen nicht selten als schwer verständlich charakterisiert.[172]

Eine alternative Erklärung für die geschilderten Diskrepanzen könnte darin liegen, dass die in Frage 18 eruierten Inhalte für juristische Laien so komplex sind, dass zahlreiche Befragte mit deren Beantwortung überfordert waren. Möglicherweise haben manche Schöffen fälschlicherweise „konkrete Vereinbarungen“ zu illegalen Inhalten berichtet, etwa, weil sie verschiedene rechtliche Begriffe nur schlecht voneinander abgrenzen oder sich an manche Vorgänge nicht mehr genau erinnern konnten. Dadurch könnte der ermittelte Anteil der Schöffen, die ihren Antworten zufolge bereits informelle Absprachen erlebt haben, realiter zu hoch sein. Wenn diese Erklärung zuträfe, würde das jedoch ebenfalls bedeuten, dass viele Schöffen über die Regelungen zur Verständigung nur unzureichend informiert sind. Denn Schöffen, die mit diesen Regelungen gut vertraut sind, sollten regelmäßig in der Lage sein, die Zulässigkeit des Inhalts einer Verständigung einigermaßen zutreffend einzuschätzen.

172 *Altenhain/Jahn/Kinzig*, 2020, S. 532.

Frage 22: Was waren die wesentlichen Gründe für Ihre Unsicherheit? (N = 378; Freitext-Eingabe; *Anmerkung:* Diese Frage wurde nur Personen gestellt, welche die Fragen 9 und 21 jeweils mindestens mit „1" beantworteten.)

Nachdem die Schöffen abschätzen sollten, bei wie vielen Absprachen sie deren Zulässigkeit bezweifelten, wurde ihnen die Möglichkeit gegeben, ihre jeweiligen Gründe zu erläutern. Am häufigsten (s. Tabelle 66) wurde diese Unsicherheit interessanterweise nicht etwa mit den Umständen oder Inhalten der getroffenen Absprachen erklärt. Stattdessen begründeten die meisten Schöffen ihre Zweifel mit Antworten, die sich in einer Kategorie „als ungerecht empfundenes Urteil" zusammenfassen lassen (101). So äußerte sich ein Schöffe aus Niedersachsen (ID 2419) folgendermaßen: „Die Sachlage war eindeutig und eine Reduzierung der Strafe war für mein Befinden nicht notwendig". Eine sächsische Jugendschöffin (ID 4745) bemerkte: „Mir schien der erzieherische Effekt für den Jugendlichen gefährdet. Ich hätte mir zusätzlich die Verhängung von Auflagen in diesem Fall gewünscht."

Fast ebenso viele Befragte (95) sahen ihre Zweifel darin begründet, dass sie sich unsicher bzw. über die geltenden Regeln zur Verständigung nicht ausreichend informiert fühlten. So gab ein Schöffe aus Berlin (ID 128) an, ihm seien „keine ausreichenden Informationen über die formalen Anforderungen an die Praxis einer zulässigen Absprache zur Verfügung" gestanden. Seine alleinigen „Informationsquellen" seien „eben jene hauptberuflichen Richter:innen" gewesen, die für die Absprachen verantwortlich zeichneten, „an deren Zulässigkeit nun Zweifel bestanden". Ähnlich beschrieb eine Schöffin aus Baden-Württemberg (ID 7141) ihr Empfinden: „Wir Schöffen haben keinerlei Information, was den Richterinnen/dem Richter erlaubt ist und was nicht".

Einige Schöffen präzisierten ihre Unsicherheit über die Zulässigkeit der von ihnen erlebten Absprachen dahingehend, dass sie sich durch die Berufsjuristen nicht hinreichend einbezogen bzw. aufgeklärt gesehen hätten (83). Ein norddeutscher Schöffe äußerte, er habe generell „Zweifel bei Absprachen, bei denen man nicht direkt dabei ist und erst im Nachhinein [...] informiert wird" (ID 2799). Weitere 81 Schöffen begründeten ihre Bedenken eher emotional, etwa mit einem unguten „Bauchgefühl" (ID 1686). Eine Schöffin aus Nordrhein-Westfalen (ID 8156) gab in drastischen Worten wieder, sie habe sich „wie auf einem Basar" gefühlt. Ein hessischer Schöffe (ID 2031) berichtete anschaulich und ausführlich zum Vorgehen der beteiligten Juristen: „Richter/in kommt herein, erzählt von einer Absprache im Vorfeld... Was soll ich denn dazu sagen? Alles was außerhalb des Gerichtssaals stattfindet, kommt mir, ehrlich gesagt, etwas suspekt vor. Wenn dann noch erzählt wird, dass der/die Richter/in im Vorfeld der Verhandlung mit Staatsanwaltschaft und Anwaltschaft abends telefoniert hat.... Das entspricht eigentlich nicht meinem Verständnis von Gerichtsbarkeit und Öffentlichkeit."

50 Schöffen erklärten ihre Zweifel damit, dass die Absprachen ihrem Eindruck nach lediglich der Verfahrensökonomie gedient hätten. Eine Schöffin aus Bremen (ID 105) äußerte sich beispielsweise dahingehend: „Es waren Straftaten, die schon lange her waren (5 und 6 Jahre) und man wollte die Sache endlich zum Abschluss bringen". Ähnlich sah ein Hauptschöffe aus Nordrhein-Westfalen (ID 8361) „Zweifel an der Zulässigkeit" dann gegeben, „wenn durch die Absprachen lediglich die Arbeitsbelastung des Gerichts verringert werden soll". Weiterhin empfanden 21 Schöffen bestimmte Aussagen als unglaubwürdig bzw. prozesstaktisch motiviert. In diesem Zuge wurden zumeist Einlassungen des Angeklagten (z. B. „scheibchenweise Geständnisse, um mildere Urteile zu bekommen", ID 7029), aber auch Zeugenaussagen angeführt (z. B. „Ein Zeuge zugunsten des Beklagten war meiner Meinung nach unglaubwürdig", ID 3598). Immerhin 14 Befragte störten sich daran, dass das Urteil bereits im Vorfeld der Hauptverhandlung festgestanden habe. So auch ein Schöffe aus Bayern (ID 3614), der folgendes schrieb: „Das Urteil stand für den Richter schon vor der Verhandlung fest. Die Verhandlung war eine Farce". Diese Äußerung zeigt zudem, dass sich der Schöffe jedenfalls in diesem Strafverfahren nicht als ebenbürtiger Richter empfand.

Weitere Begründungen für Zweifel an der Rechtmäßigkeit der getroffenen Absprachen können als Beanstandung eines unseriösen Verhaltens verschiedener Prozessbeteiligter kategorisiert werden (12). Eine ostdeutsche Teilnehmerin (ID 2925) nannte etwa die „lautstarke Auseinandersetzung zwischen Strafverteidigung, Staatsanwaltschaft und Vorsitzendem Richter" als Ursache ihrer Zweifel. Eine nordrhein-westfälische Schöffin (ID 9195) skizzierte in diesem Kontext die Äußerungen eines justiziellen Akteurs, der er es als wünschenswert bezeichnet habe, wenn die Verhandlung „nicht so lange dauern würde", weshalb er vorgeschlagen habe, „dem Angeklagten mal ein schönes Gesamtpaket" zu „schnüren".

Moniert wurde auch eine „schlechte Behandlung des Angeklagten" (9), etwa in einem Fall durch den Überredungsversuch des Verteidigers, ein Geständnis abzulegen (ID 4399). Einzelne Schöffen beriefen sich auf von ihnen vermutete Verstöße gegen die StPO (6), beispielsweise, weil die

„Erörterungen [...] nicht nach § 257b StPO in der [Hauptverhandlung] geführt“ worden seien (ID 1002).

Die genannten Freitext-Antworten stützen die These, dass Schöffen nicht immer gut darüber informiert sind, was im Rahmen von Verständigungen noch zulässig oder schon unzulässig ist. Einerseits schienen viele Schöffen keine Zweifel an der Rechtskonformität von Absprachen zu haben, obwohl sie offenbar von illegalen Inhalten erfahren hatten (s. Frage 18). Andererseits sind auch Schöffen zu verzeichnen, die nicht etwa wegen beobachteter Inhalte an der Zulässigkeit von Absprachen zweifelten, sondern wegen eines „unguten Bauchgefühls“ oder weil sie das Urteil im Ergebnis für unangemessen hielten. Eine etwaige Unkenntnis von den Regelungen zur Verständigung ist dabei selbstverständlich nicht zwingend den Schöffen anzulasten. Denn diese sind als Laienrichter abhängig von den Informationen, die sie durch die Berufsrichter und aus der Hauptverhandlung erhalten. Hier ist also eher ein Versäumnis der Berufsrichter zu vermuten, die offenbar nicht immer die Zeit, manchmal vielleicht auch kein Interesse daran haben, Schöffen über die genauen Grenzen einer zulässigen Verständigung aufzuklären. Ebenso könnte man insoweit die Justizverwaltungen in der Verantwortung sehen, die für eine adäquate Vorbereitung der Schöffen auf ihr Ehrenamt zuständig sind.

Tabelle 66. Kategorisierte Freitext-Antworten bei Frage 22 und Anzahl der jeweiligen Nennungen. Teilweise wurde eine Antwort mehreren Kategorien zugeordnet. N = 378.

Kategorien der Freitext-Antworten	Anzahl Nennungen
Als ungerecht empfundenes Urteil	101
Unsicherheit über die Regelungen der Verständigung	95
Nichteinbeziehung/unzureichende Aufklärung der Schöffen	83
Offene Fragen oder Bedenken/ungutes Gefühl	81
Rein verfahrensökonomischer Zweck	50
Unglaubwürdige Aussagen der Angeklagten/von Zeugen	21
Festlegung des Urteils vor Verfahrensbeginn	14
Unseriöses Verhalten von Prozessbeteiligten	12
Schlechte Behandlung des Angeklagten	9
Absprache habe Regelungen der StPO verletzt	6
Sonstiges	10

Frage 23: Inwiefern treffen die folgenden Aussagen Ihrer Ansicht nach zu? (*Anmerkung:* Diese Frage wurde nur Personen gestellt, welche Frage 9 mindestens mit „1" beantworteten.)

a) „Ich fühle mich gut darüber informiert, was bei einer Absprache erlaubt ist und was nicht." (N = 5788)

Tabelle 67. Verteilung der Antworten auf Frage 23a (hinreichende Information über die Zulässigkeit von Absprachen).

Antwort	Anzahl der Antworten	Anteil in Prozent
trifft zu	1914	33,1
trifft eher zu	1869	32,3
trifft eher nicht zu	1276	22,0
trifft nicht zu	601	10,4
keine Angabe	128	2,2

Trotz des Widerspruchs, der sich zwischen den Ergebnissen der Fragen 18 und 21 bzw. 22 auftut, schätzten sich annähernd zwei Drittel der Schöffen als (eher) gut darüber informiert ein, was bei einer Absprache erlaubt ist und was nicht. Nur 10,4 % gaben an, über die rechtlichen Grenzen der Verständigung nicht gut informiert zu sein.

In Zusammenschau mit den zuvor berichteten Ergebnissen zu den Fragen 18, 21 und 22 zeigt sich hier paradoxerweise die mangelnde Informiertheit der Schöffen. Tabelle 68 weist die Einschätzungen der Schöffen über ihre Informiertheit aufgeschlüsselt nach ihren vorherigen Angaben aus. In der ersten Zeile sind die Antworten derjenigen Schöffen enthalten, die Zweifel an der Zulässigkeit mindestens einer Absprache hatten (Frage 21) und in ihrer Antwort auf Frage 18 mindestens eine konkrete Vereinbarung über einen illegalen Absprachеinhalt zu berichten wussten. In der zweiten Zeile sind die Schöffen aufgelistet, die bereits Zweifel hatten, aber keine illegalen Inhalte angaben. In der dritten Zeile ist die Gruppe derjenigen Befragten enthalten, die bislang nicht gezweifelt hatten, aber illegale Inhalte berichteten. Dabei handelt es sich also um Schöffen, die offenbar nicht ohne weiteres in der Lage sind, Verstöße zu erkennen. In der vierten Zeile wurden Schöffen aufgenommen, die bislang weder Zweifel äußerten noch von illegalen Absprachеinhalten berichteten.

Tabelle 68. Verteilung der Antworten auf Frage 23a nach vier Kombinationsmustern der Antworten auf die Fragen 18 (Antwortoption „konkrete Vereinbarungen“ bei illegalen Inhalten/Teilfragen c, e, l, m, n und p mindestens einmal bzw. nie ausgewählt) und 21 (geschätzte Anzahl der Absprachen, an denen die Befragten teilgenommen haben oder über die sie informiert worden sind und an deren Zulässigkeit sie zweifelten, ist größer als 0 bzw. 0).

Gruppe	trifft zu	trifft eher zu	trifft eher nicht zu	trifft nicht zu	keine Angabe
Zweifel und illegale Inhalte (N = 639)	18,6 %	29,1 %	31,6 %	20,2 %	0,5 %
Zweifel und keine illegalen Inhalte (N = 203)	10,8 %	21,2 %	31,5 %	30,5 %	5,9 %
Keine Zweifel und illegale Inhalte (N = 3356)	39,0 %	34,0 %	18,6 %	7,1 %	1,4 %
Keine Zweifel und keine illegalen Inhalte (N = 1588)	29,2 %	31,5 %	24,3 %	10,9 %	4,2 %

Interessanterweise fühlten sich ausgerechnet die Schöffen am besten über Verständigungen informiert, die bisher an keiner Absprache Zweifel hatten, aber gleichzeitig bei Frage 18 illegale Inhalte beschrieben: 39,0 % dieser Schöffen stimmten der entsprechenden Aussage uneingeschränkt zu. Bei dieser Gruppe handelt es sich gleichzeitig um die mit Abstand größte Teilgruppe der in Tabelle 68 repräsentierten Schöffen (N = 3356). Zahlreiche Schöffen fühlen sich also gut über die Regelungen zur Verständigung informiert, obwohl begründet vermutet werden kann, dass sie Verstöße gegen diese Regelungen gar nicht erkennen können. Wie es zu diesen häufigen Fehleinschätzungen kommt, ist unklar. Als Erklärung ist eine Selbstüberschätzung der eigenen Kompetenz seitens der Schöffen naheliegend. Möglicherweise liegen Schöffen aber auch häufig fehlerhafte oder keine Informationen über zulässige Verständigungsinhalte vor, etwa durch Berufsrichter. Diese könnten entweder selbst nicht immer gut über die mitunter schwierig einzuschätzenden Grenzen der Verständigung informiert sein oder aber auch bisweilen kein Interesse daran haben, Laienrichter über die genauen Grenzlinien zwischen einer noch zulässigen Verständigung und einer schon illegalen Absprache in Kenntnis zu setzen. Von Schöffen, die sich auf solche fehlerhaften Informationen verlassen müssen, ist auch keine adäquate Selbsteinschätzung zu erwarten. Diese Interpretation deckt sich mit den Ergebnissen der vorangehenden Untersuchung von *Altenhain*, *Jahn* und *Kinzig*, wonach sich viele justizielle Akteure hinsichtlich der korrekten Anwendung der Regelungen zur Verständigung unsicher fühlen.[173] Auch die Antworten der Schöffen auf Frage 14 (s.o.) unterstützen diesen Erklärungsansatz: Einige Berufsrichter scheinen fälschlicherweise zu behaupten, dass die Laienrichter bei Absprachen nicht anwesend sein müssten oder gar, dass deren Beteiligung verboten sei.

Die Selbsteinschätzung der Schöffen, über die Regelungen zur Verständigung relativ gut informiert zu sein, erweist sich somit als trügerisch. Dies gilt es bei der Bewertung der nun folgenden Vergleiche nach Gerichtszuständigkeit, Bundesland, Erfahrung und demographischen Merkmalen zu berücksichtigen. Tabelle 69 zeigt zunächst, dass insoweit zwischen Schöffen am Amts- und am Landgericht, Tabelle 70, dass zwischen Jugend- und Erwachsenenschöffen keine nennenswerten Unterschiede im Antwortverhalten bestehen. Dies ist insofern bemerkenswert, als das Amtsgericht für das Massengeschäft zuständig ist, was zu einer schlechteren Unterrichtung der Schöffen führen könnte.

Tabelle 69. Verteilung der Antworten auf Frage 23a nach Spruchkörper (Amts- bzw. Landgericht).

Spruchkörper	**trifft zu**	**trifft eher zu**	**trifft eher nicht zu**	**trifft nicht zu**	**keine Angabe**
Amtsgericht (N = 2307)	33,2 %	32,2 %	22,7 %	9,4 %	2,3 %
Landgericht (N = 2601)	32,8 %	31,9 %	21,5 %	11,7 %	2,1 %

Tabelle 70. Verteilung der Antworten auf Frage 23a nach Schöffenart (Jugend- bzw. Erwachsenenschöffen).

Schöffenart	**trifft zu**	**trifft eher zu**	**trifft eher nicht zu**	**trifft nicht zu**	**keine Angabe**
Jugendschöffen (N = 1089)	33,8 %	32,6 %	20,9 %	9,9 %	2,8 %
Erwachsenenschöffen (N = 4330)	32,7 %	32,3 %	22,3 %	10,5 %	2,1 %

173 Siehe *Altenhain/Jahn/Kinzig*, 2020, S. 532.

Einen (allerdings nur geringen) Einfluss auf die Selbsteinschätzung scheint die Erfahrung der Schöffen auszuüben (s. Tabelle 71). Erfahrenere Schöffen antworteten auf Frage 23a nach der Informiertheit über die Grenzen von Verständigungen etwas häufiger mit „trifft zu“ oder „trifft eher zu“ (zusammen 67,4 %) als unerfahrenere Schöffen (61,8 %). Womöglich kann dieser vermeintlich größere Wissensstand durch den Effekt sozial erwünschter Antworten erklärt werden. Schöffen mit langjähriger Erfahrung dürfte es schwerer fallen, Wissenslücken zuzugeben, als ihren unerfahrenen Kollegen.

Tabelle 71. Verteilung der Antworten auf Frage 23a nach Erfahrung der Schöffen (über- bzw. unterdurchschnittlich viele miterlebte Strafverfahren).

Erfahrung	**trifft zu**	**trifft eher zu**	**trifft eher nicht zu**	**trifft nicht zu**	**keine Angabe**
Erfahren (N = 2781)	34,7 %	32,7 %	21,1 %	9,7 %	1,8 %
Unerfahren (N = 1949)	30,8 %	31,0 %	23,3 %	12,1 %	2,8 %

Stärkere Schwankungen sind dagegen wiederum bei der Gegenüberstellung der Verteilungen der Antworten je nach Bundesland festzustellen (s. Tabelle 72). Besonders gut informiert fühlten sich Schöffen in Thüringen (74,2 % „trifft zu“ oder „trifft eher zu“), Rheinland-Pfalz (71,2 %) und dem Saarland (70,0 %). Die Ehrenamtlichen aus Berlin (nur 50,8 %), Hessen (60,1 %), Schleswig-Holstein (60,7 %) und Hamburg (61,6 %) stellten sich im Schnitt wesentlich uninformierter dar. Ob diese Schwankungen zufällig sind (aufgrund der Filterführung sind hier teilweise nur wenige Antworten pro Bundesland vorhanden), oder ob die Schöffen je nach Bundesland unterschiedlich gut über die Regelungen der Verständigung aufgeklärt werden, kann dabei nicht überprüft werden.

Tabelle 72. Verteilung der Antworten auf Frage 23a nach Bundesländern.

Bundesland	trifft zu	trifft eher zu	trifft eher nicht zu	trifft nicht zu	keine Angabe
Baden-Württemberg (N = 597)	35,0 %	30,7 %	23,8 %	8,4 %	2,2 %
Bayern (N = 1460)	34,9 %	32,2 %	21,6 %	9,3 %	2,1 %
Berlin (N = 67)	22,4 %	28,4 %	25,4 %	23,9 %	0,0 %
Brandenburg (N = 152)	32,9 %	29,6 %	23,0 %	12,5 %	2,0 %
Bremen (N = 52)	38,5 %	25,0 %	23,1 %	11,5 %	1,9 %
Hamburg (N = 341)	24,6 %	37,0 %	22,0 %	13,5 %	2,9 %
Hessen (N = 429)	31,2 %	28,9 %	25,6 %	11,7 %	2,6 %
Mecklenburg-Vorpommern (N = 25)	28,0 %	40,0 %	24,0 %	8,0 %	0,0 %
Niedersachsen (N = 664)	33,4 %	33,6 %	20,3 %	10,4 %	2,3 %
Nordrhein-Westfalen (N = 863)	32,9 %	31,6 %	22,8 %	10,7 %	2,0 %
Rheinland-Pfalz (N = 187)	38,0 %	33,2 %	18,7 %	7,5 %	2,7 %
Saarland (N = 120)	45,0 %	25,0 %	20,0 %	10,0 %	0,0 %
Sachsen (N = 520)	28,5 %	37,7 %	21,2 %	10,2 %	2,5 %
Sachsen-Anhalt (N = 71)	40,8 %	26,8 %	16,9 %	8,5 %	7,0 %
Schleswig-Holstein (N = 178)	26,4 %	34,3 %	24,2 %	12,9 %	2,2 %
Thüringen (N = 62)	50,0 %	24,2 %	12,9 %	11,3 %	1,6 %

Ein sehr klarer Effekt lässt sich bei Aufteilung der Antworten je nach Alter identifizieren (s. Tabelle 73). Je älter die Befragten sind, desto besser fühlten sie sich tendenziell über die Regelungen zur Verständigung informiert; jüngere Teilnehmer gaben sich deutlich weniger selbstsicher. Dieses Muster ist bemerkenswert eindeutig: Die Häufigkeiten der Antwortkategorien „trifft zu“ und „trifft nicht zu“ sind nach Altersgruppen fast perfekt ab- bzw. aufsteigend angeordnet. Vielleicht spiegelt sich in diesem Ergebnis eine generell höhere Selbstsicherheit der älteren Teilnehmer wider, die durch ihre höhere Lebenserfahrung bedingt ist. Möglicherweise ist jedoch auch das Vertrauen der älteren Schöffen in die Justiz bzw. die Berufsrichter als Autoritätspersonen höher als das ihrer jüngeren Kollegen.

Tabelle 73. Verteilung der Antworten auf Frage 23a nach Altersgruppen.

Altersgruppe	trifft zu	trifft eher zu	trifft eher nicht zu	trifft nicht zu	keine Angabe
30 oder jünger (N = 66)	10,6 %	27,3 %	36,4 %	25,8 %	0,0 %
31–35 (N = 219)	19,6 %	23,7 %	31,1 %	22,8 %	2,7 %
36–40 (N = 295)	18,0 %	34,9 %	28,1 %	17,3 %	1,7 %
41–45 (N = 431)	26,2 %	33,9 %	24,6 %	13,9 %	1,4 %
46–50 (N = 499)	30,9 %	32,9 %	21,6 %	12,4 %	2,2 %
51–55 (N = 854)	32,0 %	32,2 %	21,7 %	10,8 %	3,4 %
56–60 (N = 1120)	35,6 %	32,1 %	20,9 %	9,5 %	1,9 %
61–65 (N = 1120)	36,9 %	32,7 %	20,2 %	8,8 %	1,4 %
66–70 (N = 914)	38,4 %	34,1 %	20,2 %	4,6 %	2,6 %
71 oder älter (N = 215)	43,3 %	26,0 %	23,3 %	5,6 %	1,9 %
keine Angabe (N = 15)	13,3 %	46,7 %	0,0 %	33,3 %	6,7 %

Eher homogen verlaufen demgegenüber die Antwortverteilungen nach Geschlecht (s. Tabelle 74). Männliche und weibliche Schöffen unterscheiden sich in ihrer Selbsteinschätzung nicht nennenswert. Dies ist überraschend, da Männer einigen Untersuchungen zufolge im Schnitt selbstsicherer als Frauen sind und sich häufiger überschätzen.[174]

Tabelle 74. Verteilung der Antworten auf Frage 23a nach Geschlecht.

Geschlecht	trifft zu	trifft eher zu	trifft eher nicht zu	trifft nicht zu	keine Angabe
männlich (N = 3168)	33,7 %	33,0 %	21,9 %	9,7 %	1,6 %
weiblich (N = 2536)	32,6 %	31,3 %	22,3 %	11,0 %	2,8 %
divers (N = 8)	12,5 %	50,0 %	12,5 %	25,0 %	0,0 %
keine Angabe (N = 36)	13,9 %	36,1 %	22,2 %	25,0 %	2,8 %

174 Siehe z. B. *Blanch/Hall/Roter/Frankel*, Patient Education and Counseling 2008, S. 374, *Buser/Grimalda/Putterman/van der Weele*, Journal of Economic Behavior and Organization 2020, S. 267, *Kukulu/Korukcu/Ozdemir/Bezci/Calik*, Journal of Psychiatric and Mental Health Nursing, 2013, S. 330 und *Lundeberg/Fox/LeCount*, Highly Confident, but Wrong: Gender Differences and Similarities in Confidence Judgements, 1992.

Ein sehr markantes Resultat ergibt sich beim Vergleich der Selbsteinschätzungen nach Bildungsgrad (s. Tabelle 75). Dieses ist, vor allem in dieser Eindeutigkeit, eher überraschend: Je niedriger die Bildung der Schöffen, desto besser fühlten sie sich über die geltenden Regelungen informiert – und umgekehrt, je höher die Bildung, desto größer die Unsicherheit. Vermutlich sind Schöffen mit höheren Bildungsabschlüssen tendenziell geschulter im Umgang mit abstrakten Problemen und haben dadurch auch ein besseres Gespür für die Komplexität der Rechtsvorschriften. Möglicherweise sind sie zudem kritischer den Berufsrichtern gegenüber und hinterfragen die von diesen bereitgestellten Informationen häufiger.

Tabelle 75. Verteilung der Antworten auf Frage 23a nach dem höchsten Bildungsniveau.

Bildung	trifft zu	trifft eher zu	trifft eher nicht zu	trifft nicht zu	keine Angabe
Haupt-/Volksschulabschluss (N = 345)	47,2 %	30,1 %	16,2 %	4,1 %	2,3 %
Realschulabschluss/ Mittlere Reife (N = 1364)	39,4 %	32,8 %	18,4 %	7,6 %	1,8 %
Fach-/Hochschulreife (N = 1227)	31,7 %	31,6 %	24,3 %	10,0 %	2,4 %
Abgeschlossenes Fach-/ Hochschulstudium (N = 2745)	28,9 %	32,7 %	23,7 %	12,7 %	2,0 %
keine Angabe (N = 67)	28,4 %	31,3 %	20,9 %	11,9 %	7,5 %

b) „Nach einer Absprache war mir verständlich, welches tatsächliche Geschehen dem Urteil zugrunde gelegt wurde (also welche Tat bewiesen war)." (N = 5784)

Tabelle 76. Verteilung der Antworten auf Frage 23b (Urteilsgrundlage).

Antwort	Anzahl der Antworten	Anteil in Prozent
trifft zu	2783	48,1
trifft eher zu	1994	34,5
trifft eher nicht zu	491	8,5
trifft nicht zu	223	3,9
keine Angabe	293	5,1

Eine eindeutige Mehrheit der Befragten äußerte sich dahingehend, nach einer Absprache ein gutes Verständnis desjenigen tatsächlichen Geschehens gehabt zu haben, das dem Urteil zugrunde gelegt wurde. Angesichts der Ergebnisse zu Teilfrage 23a lässt sich jedoch auch hier eine Überschätzung durch die Schöffen nicht ausschließen.

c) „Nach einer Absprache war mir verständlich, welchen Straftatbestand die Tat erfüllte (z. B. Diebstahl, Raub, fahrlässige Tötung, Mord usw.)." (N = 5783)

Tabelle 77. Verteilung der Antworten auf Frage 23c (Straftatbestände).

Antwort	Anzahl der Antworten	Anteil in Prozent
trifft zu	3231	55,9
trifft eher zu	1684	29,1
trifft eher nicht zu	297	5,1
trifft nicht zu	192	3,3
keine Angabe	379	6,6

Ganz überwiegend gaben die Schöffen zudem an, dass ihnen (auch) nach einer Absprache verständlich gewesen sei, welche Straftatbestände die behandelten Taten erfüllt hätten. Nicht geklärt werden kann, ob das auch in der ganzen etwaigen Komplexität des geltenden Rechts (z. B. Annahme von Qualifikationen, ungeachtet ihrer dogmatischen Einordnung auch von Regelbeispielen) tatsächlich der Fall gewesen ist.

d) „Nach der Absprache oder nach der Schilderung der Absprachеinhalte durfte ich dem/der Angeklagten noch Fragen stellen." (N = 5782)

Tabelle 78. Verteilung der Antworten auf Frage 23d (Möglichkeit zu Fragen).

Antwort	Anzahl der Antworten	Anteil in Prozent
trifft zu	1891	32,7
trifft eher zu	1024	17,7
trifft eher nicht zu	747	12,9
trifft nicht zu	1246	21,5
keine Angabe	874	15,1

Dagegen stimmte nur knapp jeder dritte Schöffe (32,7 %) der Aussage zu, dass er nach der Absprache oder nach der Schilderung der Abspracheinhalte dem Angeklagten noch Fragen stellen durfte. 17,7 % äußerten sich etwas zurückhaltender („trifft eher zu"), während sich insgesamt 34,4 % die Aussage nicht zu eigen machten („trifft eher nicht zu" bzw. „trifft nicht zu"). Die letztgenannte Zahl stimmt durchaus nachdenklich, da es den Schöffen als gleichberechtigten Richtern selbstverständlich zu jeder Zeit der Hauptverhandlung möglich sein muss, Fragen an den Angeklagten zu richten. Vielleicht ist die Intention der beteiligten Juristen zu verhindern, dass eine ausgehandelte Verständigung durch unbotmäßige Fragen der Laienrichter infrage gestellt wird. Bei dieser Teilfrage zeigt sich wiederum ein relativ hoher Anteil an Teilnehmern (15,1 %), der die ausweichende Antwortoption („keine Angabe") wählte.

e) „Als Schöffe/Schöffin hatte ich Einfluss auf das Zustandekommen der Absprache." (N = 5782)

Tabelle 79. Verteilung der Antworten auf Frage 23e (möglicher Einfluss auf das Zustandekommen der Absprache).

Antwort	Anzahl der Antworten	Anteil in Prozent
trifft zu	760	13,1
trifft eher zu	1053	18,2
trifft eher nicht zu	1494	25,8
trifft nicht zu	2199	38,0
keine Angabe	276	4,8

Besonders relevant sind die Antworten der Schöffen auf die Fragen 23e und f. Immerhin 38,0 % der Befragten gaben an, keinen Einfluss auf das Zustandekommen der (von ihnen mitzuverantwortenden!) Absprachen gehabt zu haben. Weitere 25,8 % tendierten zumindest dazu, einen Einfluss auf Absprachen zu verneinen. Nur 13,1 % der Schöffen waren eindeutig vom Gegenteil überzeugt. Nach Angaben der Schöffen haben sie also nur einen geringen Einfluss auf das Zustandekommen einer Absprache.

f) „Als Schöffe/Schöffin hatte ich Einfluss auf den Inhalt der Absprache." (N = 5781)

Tabelle 80. Verteilung der Antworten auf Frage 23f (möglicher Einfluss auf den Inhalt der Absprache).

Antwort	Anzahl der Antworten	Anteil in Prozent
trifft zu	613	10,6
trifft eher zu	1149	19,9
trifft eher nicht zu	1694	29,3
trifft nicht zu	2068	35,8
keine Angabe	257	4,4

Das Urteil der Schöffen über ihren Einfluss auf den Inhalt der Absprachen fällt sehr ähnlich aus. Ob überhaupt und worüber sich genau die verfahrensbeteiligten Juristen absprechen, liegt offenbar fest in ihrer Hand und scheint sich dem Einfluss der Laienrichter weitgehend zu entziehen.

Diese Ergebnisse sind bedenklich. Denn sie scheinen Befürchtungen recht zu geben, nach denen Schöffen bei Absprachen vor vollendete Tatsachen gestellt werden und eher vorangehende Vereinbarungen „abnicken" als tatsächlich Einfluss auf den Vorgang nehmen zu können.[175] Auch wenn schon ganz allgemein der Einfluss der Schöffen auf den Ausgang von Strafverfahren als eher gering eingeschätzt wird,[176] dürfte der eigene Einfluss in Selbstberichten von Schöffen noch überschätzt werden.[177] Wenn daher in der vorliegenden Untersuchung schon die Schöffen selbst sich als so wenig einflussreich beschrieben, fällt ihr realer Einfluss vermutlich sogar noch geringer aus.

175 Siehe z. B. *Fischer* StGB 69. Aufl. 2022, § 46 Rn. 112, *König*, 2009, S. 628, *Rönnau*, 2018, S. 374 und *Satzger*, 2011, S. 518 (525).

176 Siehe z. B. *Casper/Zeisel*, 1979, S. 11 und *Rennig*, 1993, S. 558 ff.

177 Eine Diskrepanz zwischen Fremd- und Selbstberichten wurde auch in den Schöffenbefragungen von *Klausa*, 1972, S. 76 und *Lennartz*, 2016, S. 292 berichtet.

g) „Ich war nach der Absprache oder nach der Schilderung der Abspracheinhalte in der Regel ausreichend informiert, um für oder gegen ein bestimmtes Strafmaß zu stimmen." (N = 5780)

Tabelle 81. Verteilung der Antworten auf Frage 23g (hinreichende Information).

Antwort	Anzahl der Antworten	Anteil in Prozent
trifft zu	2518	43,6
trifft eher zu	2213	38,3
trifft eher nicht zu	546	9,4
trifft nicht zu	274	4,7
keine Angabe	229	4,0

Weit überwiegend stimmten die Schöffen dagegen der Aussage (tendenziell) zu, sie seien nach der Absprache oder nach der Schilderung der Abspracheinhalte in der Regel ausreichend informiert gewesen, um für oder gegen ein bestimmtes Strafmaß zu stimmen. Dies lässt darauf schließen, dass sich die meisten Berufsrichter aus Sicht der Schöffen ausreichend Zeit dafür nehmen, ihre ehrenamtlichen Kollegen über die getroffenen Absprachen zu informieren, sollten diese nicht einbezogen worden sein. Erläuterungen aus zweiter Hand sind im Vergleich zu eigenen Eindrücken jedoch zwangsläufig immer gefiltert, weshalb – selbst bei um Objektivität bemühten Berufsrichtern – bezweifelt werden kann, dass sich die Schöffen aus solchen Schilderungen eine unabhängige Meinung über ein gerechtes Strafmaß bilden können. Zudem ist zu berücksichtigen, dass sich weitere Eindrücke, welche die Vorstellungen von einer gerechten Strafe speisen, aus der Hauptverhandlung ergeben können. Immerhin dürfte nach vorangegangenen Absprachen in der Regel ein Geständnis vorgetragen werden, was zumindest einen Überblick über die begangenen Taten und einen Eindruck vom Angeklagten ermöglichen sollte.

h) „Urteile, denen Absprachen vorausgegangen sind, bieten den Angeklagten weniger Hilfestellungen für ein künftig straffreies Leben als Urteile, die ohne Absprachen gefällt werden." (N = 5780)

Tabelle 82. Verteilung der Antworten auf Frage 23h (Absprachen und Resozialisierung).

Antwort	Anzahl der Antworten	Anteil in Prozent
trifft zu	295	5,1
trifft eher zu	740	12,8
trifft eher nicht zu	1508	26,1
trifft nicht zu	1617	28,0
keine Angabe	1620	28,0

Über die Hälfte der Befragten ist der Meinung, ein Urteil nach vorausgegangener Absprache sei einer Resozialisierung der Angeklagten (tendenziell) nicht abträglich. Nur 5,1 % stimmten der Aussage uneingeschränkt zu. Auffällig ist, dass die Option „keine Angabe" mit 28,0 % vergleichsweise häufig gewählt wurde. Die darin zum Ausdruck kommende Zurückhaltung könnte auf eine mangelnde Verfügbarkeit von Vergleichswerten zurückzuführen sein, da die meisten Schöffen nur bei einer überschaubaren Anzahl von Strafverfahren eingesetzt wurden. Daneben ist zuzugeben, dass nicht ohne weiteres ersichtlich ist, wie eine derartige Hilfestellung durch ein strafgerichtliches Urteil überhaupt aussehen könnte. In jedem Fall spricht auch hier der hohe Anteil ausweichender Antworten für die Bemühungen der Schöffen, die ihnen gestellten Fragen seriös zu beantworten.

i) „Das Gericht hat sich in der Regel intern über eine Absprache abgestimmt, bevor dem/der Angeklagten bzw. der Verteidigung der Vorschlag zu der Vornahme einer Absprache gemacht wurde." (N = 5779)

Tabelle 83. Verteilung der Antworten auf Frage 23i (interne Abstimmung des Gerichts).

Antwort	Anzahl der Antworten	Anteil in Prozent
trifft zu	1087	18,8
trifft eher zu	1406	24,3
trifft eher nicht zu	1022	17,7
trifft nicht zu	1089	18,8
keine Angabe	1175	20,3

Teilfrage 23i zielt ebenfalls auf die Beteiligung der Laienrichter am Zustandekommen und dem Inhalt von Absprachen. Eine vorherige interne Abstimmung des Gerichts, ob eine Absprache initiiert werden solle oder nicht, scheint nicht unbedingt die Regel zu sein. Zwar stimmten fast 20 % der Schöffen einer solchen Aussage uneingeschränkt und knapp 25 % immerhin eingeschränkt zu. Allerdings stand ein fast genauso großer Teil der Teilnehmer dieser Aussage ablehnend gegenüber.

Auch die Antworten auf diese Frage lassen den Schluss zu, dass in der Praxis nicht selten gegen die Regelungen zur Verständigung verstoßen wird. Denn nach § 257c Abs. 3 StPO muss der Vorschlag zu einer Verständigung vom ganzen Gericht als Spruchkörper stammen.[178] Das schließt die ehrenamtlichen Richter selbstverständlich ein. Bevor offiziell der Vorschlag zu einer Verständigung erfolgt, müsste sich das Gericht also eigentlich immer beraten, d. h., eine Abstimmung mit den Schöffen erfolgen.

178 Siehe *Eschelbach* in: Graf StPO 4. Aufl. 2021, § 257c Rn. 26 ff. und *Moldenhauer/Wenske* in: KK-StPO 9. Aufl. 2023, § 257c Rn. 9.

Frage 24: Bitte beantworten Sie noch die folgenden Fragen zu Absprachen in Strafverfahren: (*Anmerkung:* Diese Frage wurde nur Personen gestellt, welche Frage 9 mindestens mit „1" beantworteten.)

a) Eine Absprache enthält oftmals ein Geständnis des/der Angeklagten. Was ist Ihr Eindruck: Wird normalerweise die Richtigkeit des Geständnisses anschließend in der Hauptverhandlung hinreichend überprüft (etwa durch Vernehmung eines Zeugen/einer Zeugin oder Verlesung von Urkunden, Protokollen oder anderen Schriftstücken)? (N = 5771)

Tabelle 84. Verteilung der Antworten auf Frage 24a (Überprüfung des Geständnisses).

Antwort	Anzahl der Antworten	Anteil in Prozent
trifft zu	2168	37,6
trifft eher zu	1863	32,3
trifft eher nicht zu	677	11,7
trifft nicht zu	220	3,8
keine Angabe	843	14,6

Die meisten Schöffen gaben an, dass auch nach einer Absprache eine hinreichende Überprüfung eines etwaigen Geständnisses in der Hauptverhandlung erfolgte (37,6 % „trifft zu", 32,3 % „trifft eher zu").

b) Erfüllten die Verfahren mit Absprache Ihrer Ansicht nach normalerweise den Grundsatz in § 261 StPO, dass das Urteil aus dem „Inbegriff der Hauptverhandlung" gefunden werden soll? (N = 5771)

Tabelle 85. Verteilung der Antworten auf Frage 24b (Beachtung von § 261 StPO).

Antwort	Anzahl der Antworten	Anteil in Prozent
trifft zu	1815	31,5
trifft eher zu	1947	33,7
trifft eher nicht zu	532	9,2
trifft nicht zu	114	2,0
keine Angabe	1363	23,6

Der in § 261 StPO verankerte Grundsatz, dass das Urteil aus dem „Inbegriff der Hauptverhandlung" gefunden werden soll, wird laut den Teilnehmern bei Verfahren mit Absprachen eher selten verletzt. Nur 2,0 % der Befragten äußerten die Auffassung, dass das Urteil nach einer Absprache normalerweise nicht diesem Prinzip entspräche; knapp 10 % meinten einschränkend, dies sei „eher" nicht der Fall. Fast jeder vierte Schöffe enthielt sich bei dieser Frage („keine Angabe"). Dieses Ergebnis widerspricht Befürchtungen, dass Absprachen diesen in § 261 StPO angesiedelten Grundsatz untergraben könnten.[179] Jedoch sind auch hier Verständnisprobleme seitens der Schöffen nicht auszuschließen. Denn im Mittelpunkt dieser Frage steht mit dem „Inbegriff der Hauptverhandlung" ein abstraktes Konzept, welches nicht jedem juristischen Laien geläufig sein dürfte. Interpretationsschwierigkeiten würden auch den hohen Anteil ausweichender Antworten erklären. Darüber hinaus kann schon durch das auf die Verständigung regelmäßig folgende Geständnis (vgl. Teilfrage 23g) der Eindruck entstehen, dass das daraufhin ergehende Urteil den aus § 261 StPO resultierenden Anforderungen (u. a. auch Beachtung des Unmittelbarkeitsprinzips) Genüge tut – selbst wenn die Inhalte des Geständnisses durch eine vorangehende Absprache determiniert sein sollten.

179 So vertritt *Rönnau* die Auffassung, die „weitverbreitete und vom Gesetzgeber ausdrücklich vorgesehene" Praxis, die Inhalte der Verständigung bereits vor der Hauptverhandlung auszuhandeln, widerspräche dem Mündlichkeitsgrundsatz in § 261 StPO. Statt aus dem „Inbegriff der Hauptverhandlung" würden Urteile auf der Basis von Absprachen „im Wesentlichen aus den Akten" geschöpft (siehe *Rönnau*, 2018, S. 374).

c) Hatten Sie schon einmal den Eindruck, dass der/die Angeklagte einer Absprache zugestimmt haben könnte, obwohl er/sie die ihm/ihr vorgeworfene Tat so nicht begangen hat, nur um eine mildere Strafe zu erzielen? (N = 5772)

Tabelle 86. Verteilung der Antworten auf Frage 24c (Falschgeständnis).

Antwort	**Anzahl der Antworten**	**Anteil in Prozent**
trifft zu	257	4,5
trifft eher zu	484	8,4
trifft eher nicht zu	1087	18,8
trifft nicht zu	3143	54,5
keine Angabe	801	13,9

Als Gefahr von Absprachen in Strafverfahren wird häufig gesehen, dass der Angeklagte sich durch dieses Rechtsinstitut und den auf ein Geständnis regelmäßig folgenden Strafrabatt dazu gedrängt sehen könnte, eine nicht oder so nicht begangene Straftat einzuräumen.[180] Die meisten Schöffen (54,5 %) hatten bislang allerdings nicht den Eindruck, dass dies bei einer der von ihnen erlebten Absprachen in Strafverfahren der Fall gewesen sei. Demgegenüber gaben aber auch immerhin 12,9 % der Schöffen an, einen solchen Eindruck schon einmal (eher) gehabt zu haben.

180 Siehe z. B. *Altenhain/Dietmeier/May*, 2013, S. 134, *Heger/Pest*, 2014, S. 446 (481), *Ostendorf*, 2013, S. 172 (176) und *von Frankenberg*, 2013, S. 230 ff. Die Gefahr wird auch vom Bundesverfassungsgericht (BVerfGE 133, 168 (230)) hervorgehoben.

Frage 25: Wie schätzen Sie rückblickend insgesamt die Urteile in den Verfahren ein, bei denen Sie als Schöffe/Schöffin mitgewirkt haben und bei denen Absprachen zwischen den Verfahrensbeteiligten getroffen wurden? (N = 5773; *Anmerkung:* Diese Frage wurde nur Personen gestellt, welche Frage 9 mindestens mit „1" beantworteten.)

Tabelle 87. Verteilung der Antworten auf Frage 25 (Einschätzung der Urteile).

Antwort	Anzahl der Antworten	Anteil in Prozent
zu hart	8	0,1
eher hart	48	0,8
angemessen	3588	62,2
eher milde	1660	28,8
zu milde	282	4,9
keine Angabe	187	3,2

Die Antworten auf die Frage nach der Einschätzung derjenigen Urteile, in denen Absprachen getroffen wurden, ergaben eine ähnliche Antwortverteilung wie diejenigen auf die Frage nach der Angemessenheit der Urteile in allen Verfahren, die die Schöffen bisher miterlebt haben (Frage 8). Auch hier bezeichnete eine Mehrheit (62,2 %) die so zustande gekommenen Urteile als „angemessen". Kaum jemand empfand die Urteile als (zu oder eher) „hart". Im direkten Vergleich mit Frage 8 waren hier mehr Schöffen der Ansicht, die Urteile seien „eher milde" gewesen. Dies ist plausibel, wenn man in Rechnung stellt, dass Urteile auf eine Absprache hin in der Regel mit einem Strafrabatt verbunden sind (vgl. Frage 20).

Frage 26: Falls Sie noch weitere Eindrücke zu Verfahrensabsprachen beschreiben möchten, die in den bisherigen Fragen nicht thematisiert wurden, haben Sie hier die Gelegenheit dazu: (N = 469; Freitext-Eingabe; *Anmerkung:* Diese Frage wurde nur Personen gestellt, welche Frage 9 mindestens mit „1" beantworteten.)

Da sich diese Frage nicht auf einen bestimmten inhaltlichen Aspekt bezog, sondern den Schöffen allgemein die Möglichkeit gab, ihre Beobachtungen zum Thema Verfahrensabsprachen frei zu äußern, wurde hier auf eine Kategorisierung und Kommentierung der Antworten verzichtet. Stattdessen werden im Folgenden exemplarisch einige (sehr unterschiedliche) Ausführungen von Schöffen wiedergegeben. Dabei wurden vor allem solche Antworten von Schöffen aus 15 der 16 Bundesländer ausgewählt, die besonders anschaulich formuliert sind und welche die Bandbreite der getätigten Äußerungen gut repräsentieren. Selbstverständlich lassen sich daraus allein keine Schlüsse über gegebenenfalls variierende Absprachepraktiken in einzelnen Bundesländern ziehen.

So hoben zwei Schöffinnen aus Süddeutschland die positive Wirkung von Verfahrensabsprachen hervor: „Die Geschädigte erlebte eine deutliche Entlastung durch das öffentliche Geständnis. Die Verständigung wurde auch mit ihr thematisiert, nur bei der Akzeptanz von ihrer Seite wurde der ‚milde Strafrahmen' angeboten. Alle Beteiligten waren eingebunden. Das wurde auch alles so protokolliert. Das war eines der befriedigendsten Verfahren in meiner Schöffentätigkeit!" – ID 3651, Schöffin aus Baden-Württemberg.

„Nach meinen Erfahrungen dienten die Absprachen im Wesentlichen dazu, die Dauer der Verhandlung abzukürzen bei bereits vorliegender Geständnisbereitschaft der jeweiligen Angeklagten. Ebenso waren vorhandene Beweismittel laut Akten aus meiner Sicht schon sehr belastbar. Das Hauptanliegen von Absprachen lag nach meinem Empfinden immer in der Zeitersparnis zur Beweisaufnahme bzw. -anerkennung bei ohnehin kaum zu leugnenden Sachverhalten. Aber natürlich bin ich sicherlich nicht in der Lage alle Beweggründe der hauptberuflichen Richter/Staatsanwälte/Verteidiger zu erkennen." – ID 2895, Schöffin aus Bayern.

Eine weitere Schöffin versuchte in ihrer Antwort zwischen Absprachen vor den Erwachsenen- und den Jugendgerichten zu differenzieren: „Im Bereich Jugendschöffendienst überwiegt ja ohnehin nicht die Bestrafung, sondern die Hinführung zu zukünftig straffreiem Verhalten. Daher halte ich Absprachen hier tatsächlich auch für sehr sinnvoll. Im Erwachsenenstrafrecht würde ich Absprachen deutlich dosierter anwenden wollen, da es meiner Erfahrung nach hier eher um ressourcenschonende Absprachen (Zeitersparnis, Geldersparnis, ...) geht." – ID 4745, Schöffin aus Sachsen.

Andere Schöffen betonten eine lange Verfahrensdauer, die das Treffen einer Absprache begünstigen könne: „Aufgrund der langen Verfahrensdauer und den Zeiträumen zwischen Tat(en) und Gerichtsverfahren/Urteilen, ist man eher dazu geneigt Absprachen zuzustimmen. Weil sonst die Kosten auch teilweise nicht mehr verständlich sind. Es würden sich viele Verfahren weiter in die Länge ziehen und weitere Kosten anfallen was Zeugen usw. anbelangt. Außerdem haben manche Angeklagte inzwischen Jobs und Familien und dann ist man eher zu einer Absprache bereit, um nicht zu hart zu bestrafen. Würde zeitlich schneller verhandelt, wäre manches Urteil härter ausgefallen, ist mein Eindruck." – ID 1422, Schöffin aus Brandenburg.

„Da viele Straftaten oft 2–3 Jahre in der Vergangenheit lagen, waren die Angeklagten eher erleichtert." – ID 69, Schöffe aus Bremen.

„Tendenziell habe ich das Gefühl, dass ‚ohne Absprache' das Verfahren sich sehr in die Länge ziehen könnte und u. U. sogar ein Freispruch ‚droht', da oft ohne Mitwirkung des Angeklagten auch die Beweislage zu dünn ist." – ID 4900, Schöffe aus Niedersachsen.

Bisweilen wurde kritisiert, zwar nicht in die Absprachen einbezogen worden zu sein, aber anerkennend die Bereitschaft der Berufsrichter hervorgehoben, die dort gefundenen Ergebnisse zu vermitteln. Dazu wurde exemplarisch folgendes formuliert: „Mein Eindruck ist, dass sich die Berufsrichter vor den jeweiligen Terminen schon auf eine Linie festlegen und dann z. B. Absprachen treffen, von denen die SchöffInnen eben erst in/kurz vor der Verhandlung erfahren. Bislang konnte ich das immer nachvollziehen und fühlte mich gut informiert und auch ernstgenommen." – ID 1031, Schöffin aus Berlin.

„Verfahrensabsprachen außerhalb der HV machen es für die Schöffen und Schöffinnen wesentlich schwerer, aktiv an der Urteilsfindung mitzuwirken. Da wir keine Aktenkenntnis haben, sind wir ja gerade auf die Ergebnisse einer umfassenden Beweisaufnahme, Angaben des Angeklagten etc. angewiesen. Es besteht die Gefahr, dass die mündliche Verhandlung ausgehöhlt wird, ebenso der Grundsatz der Öffentlichkeit des Verfahrens. Allerdings möchte ich ausdrücklich sagen, dass in den wenigen Fällen, an die ich mich erinnere, das Gericht um größtmögliche Transparenz bemüht war." – ID 2197, Schöffin aus Hessen.

Zwei Schöffen wiesen auf den ihrer Ansicht nach großen Einfluss der (vorsitzenden) Richter auf die Akzeptanz von Verfahrensabsprachen hin: „Der Umfang und die Art und Weise, wie die SchöffInnen bei den Absprachen bzw. Gesprächen dazu eingebunden werden, ist meines Erachtens nach sehr stark abhängig von der persönlichen Art der Berufsrichter. Ich habe sehr kooperative aber auch weniger kooperative Atmosphären dabei erlebt." – ID 402, Schöffe aus dem Saarland.

„Der vorsitzende Richter bei dem ich als Schöffe tätig war ist bekannt dafür, kein Freund von Absprachen zu sein und stellt das dann auch in der Hauptverhandlung stets so dar. [...] Auf jeden Fall werden bei ihm alle ggf. Abspracheversuche öffentlich behandelt. Das steht dann bei uns auch oft so in der örtlichen Tagespresse." – ID 9053, Schöffe aus Thüringen.

Demgegenüber äußerten manche Schöffen aber auch massive Kritik an der in Deutschland geübten Praxis: „Ich hatte den Eindruck, dass Absprachen eigentlich unter Umgehung der Schöffen getroffen werden. Bevor man überhaupt im Thema ist, haben Richter oder Richterin und die Verteidigung und eventuell die Staatsanwaltschaft sich schon etwas überlegt und dann wird es den Schöffen gesagt und es wird gesagt, warum es ganz vernünftig ist, und was soll man dazu dann noch sagen? Und es wird gesagt, dass die Schöffen bei Gesprächen über Absprachen nicht dabei sein dürfen. Das ist mir eigentlich unverständlich, wenn ich eine gleichwertige ehrenamtliche Richterin sein soll und das doch eine richterliche Aufgabe ist." – ID 5644, Schöffin aus Hamburg.

„Ich vermisste bei den Absprachen, dass die Schöffen bereits vor einem anvisierten Deal mit in die Gedanken und Absichten der beteiligten Berufsjuristen mit einbezogen wurden. Dadurch fiel mir eine eigene Meinungsbildung deutlich schwerer." – ID 9467, Schöffe aus Mecklenburg-Vorpommern.

„Berufsrichter/innen sollten grundsätzlich Schöffen/innen in die Absprachengespräche mit einbeziehen. Dies wäre ein Zeichen der Wertschätzung der Schöffen/innen und nur so können sich die Schöffen/innen ein eigenes unvoreingenommenes Urteil erlauben." – ID 716, Schöffe aus Nordrhein-Westfalen.

Dezidiert rechtspolitisch äußerte sich ein weiterer Schöffe: „Ich halte eine verpflichtende Teilnahme der Schöffen/Schöffinnen an Absprachen für verfahrensangemessen." – ID 1245, Schöffe aus Schleswig-Holstein.

Schließlich gab eine weitere Stimme ein generelles Erstaunen über das Rechtsinstitut der Verständigung zu erkennen: „Ich war überrascht, dass es so etwas überhaupt gibt (kannte ich bis dahin nur aus amerikanischen Gerichtsfilmen)." – ID 1113, Schöffe aus Rheinland-Pfalz.

4. Fragen zum allgemeinen Eindruck vom Schöffenamt

Am Ende der Umfrage wurde versucht, noch einige Einschätzungen zum Schöffenamt generell in Erfahrung zu bringen.

Frage 27: Wie beurteilen Sie die folgenden Aussagen?

a) „Das Schöffenamt ist ein wichtiger Bestandteil des Strafprozesses." (N = 7805)

Tabelle 88. Verteilung der Antworten auf Frage 27a (Bewertung des Schöffenamts).

Antwort	Anzahl der Antworten	Anteil in Prozent
trifft zu	5782	74,1
trifft eher zu	1554	19,9
trifft eher nicht zu	368	4,7
trifft nicht zu	71	0,9
keine Angabe	30	0,4

Eine eindeutige Mehrheit äußerte sich sehr positiv über die Rolle des Schöffenamts im System der Strafrechtspflege: Knapp drei Viertel (74,1 %) sind der Meinung, das Schöffenamt sei ein wichtiger Bestandteil des Strafprozesses. Nur rund 5 % der Schöffen lehnten diese Aussage (tendenziell) ab. Auch in früheren Untersuchungen stuften die befragten Laienrichter ihr Amt mehrheitlich als sinnvoll ein.[181] Damit widersprechen sie – vielleicht aufgrund ihrer eigenen Betroffenheit weniger überraschend – den Stimmen, die das Amt für überholt halten und an dessen Sinnhaftigkeit zweifeln.[182]

181 *Klausa*, 1972, S. 67, *Rennig*, 1993, S. 487 und *Lennartz*, 2016, S. 302 ff.

182 Siehe z. B. *Benz*, 1982, S. 109 ff., *Hillenkamp*, 1998, S. 1438, *König*, 2009, S. 629 ff., *Lilie*, 2002, S. 315, *Ludewig/Angehrn-Guggenbühl*, 2009, S. 32 (37), *Rönnau*, 2016, S. 302 ff., *Rönnau*, 2018, S. 367, *Satzger*, 2011, S. 518 (519 f.) und *Volk*, 1982, S. 389.

b) „Wenn ich die Zeit zurückdrehen könnte, würde ich mein Schöffenamt noch einmal antreten wollen." (N = 7804)

Tabelle 89. Verteilung der Antworten auf Frage 27b (Zufriedenheit mit der eigenen Schöffentätigkeit).

Antwort	Anzahl der Antworten	Anteil in Prozent
trifft zu	6359	81,5
trifft eher zu	743	9,5
trifft eher nicht zu	291	3,7
trifft nicht zu	313	4,0
keine Angabe	98	1,3

Ebenfalls eine klare Mehrzahl der Schöffen (81,5 %) äußerte sich dahingehend, es nicht bereut zu haben, als Schöffe eingesetzt worden zu sein. Zusammen knapp 8 % der Schöffen gaben hingegen an, sie würden ihr Schöffenamt rückblickend (eher) nicht noch einmal antreten wollen.

c) „Es muss etwas unternommen werden, um die Lage der Schöffen/Schöffinnen bei Gericht zu verbessern." (N = 7804)

Tabelle 90. Verteilung der Antworten auf Frage 27c (Lage der Schöffen).

Antwort	Anzahl der Antworten	Anteil in Prozent
trifft zu	1299	16,6
trifft eher zu	1529	19,6
trifft eher nicht zu	2527	32,4
trifft nicht zu	2018	25,9
keine Angabe	431	5,5

Ein weniger eindeutiges Antwortmuster zeigte sich bei der Frage, ob etwas unternommen werden müsse, um die Lage der Schöffen bei Gericht zu verbessern. Vergleicht man diese Verteilung der Antworten mit denen zu den direkt vorangehenden Teilfragen 27a und b wird deutlich, dass auch viele derjenigen Schöffen einen Verbesserungsbedarf identifizierten, die das Amt generell positiv bewerteten und für sinnvoll erachteten. Dennoch widersprach immerhin rund ein Viertel der Befragten (25,9 %) der zu Diskussion gestellten These klar, während ein weiteres Drittel (32,4 %) höchstens eingeschränkten Änderungsbedarf sah („trifft eher nicht zu"). Klaren Reformbedarf behaupteten dagegen 16,6 % der Teilnehmer.

Frage 28: Was könnte oder müsste verbessert werden? (N = 1870; *Anmerkung:* Diese Frage wurde nur Personen gestellt, welche Frage 27 mit „trifft zu“, „trifft eher zu“ oder „trifft eher nicht zu“ beantworteten.)

Am Ende der Befragung erhielten die Schöffen die Möglichkeit, ihre Verbesserungsvorschläge für das Schöffenamt aufzuzeigen. Die Frage wurde selbstverständlich nicht an diejenigen Personen gestellt, die zuvor keinen Reformbedarf geäußert hatten. Trotz des vergleichsweise hohen Aufwands, eine Freitextantwort zu formulieren, nahmen sich immerhin 1870 Schöffen Zeit dafür, ihrer Meinung Ausdruck zu verleihen. Die Antworten wurden kategorisiert, wobei verfahren wurde wie bei der Auswertung der vorherigen offenen Fragen. Anzumerken ist, dass aufgrund der offenen Fragestellung und der hohen Anzahl an Antworten sehr viele verschiedene Themenbereiche angesprochen wurden. Deshalb fällt die Zahl der hier gebildeten Kategorien vergleichsweise hoch aus.

Besonders viele Schöffen (442) äußerten den Wunsch nach der Verbesserung des fachlichen Schulungsangebots, sowohl vor Antritt des Amts als auch während der jeweiligen Amtsperiode. Genannt wurden etwa häufigere Einführungs- und Fortbildungsveranstaltungen und Online-Seminare, bessere Broschüren oder Besuche in Justizvollzugsanstalten. Dabei wurde oft betont, dass solche Veranstaltungen für Schöffen kostenlos sein sollten. Ein Schöffe aus Niedersachsen (ID 5654) führte dementsprechend aus: „Schöffen sollten auf ihre Aufgaben, Rechte und Pflichten vorbereitet werden, z. B. durch entsprechende Einführungsseminare. An meinem Gericht gab es hierzu faktisch keine Angebote. Es gab lediglich eine (kleine) Veranstaltung ohne Anspruch auf dienstliche Freistellung. Da ich keinen Urlaub nehmen konnte, für mich also keine“. Ein Teilnehmer aus Baden-Württemberg (ID 3144) stellte einen Bezug zwischen den eigenen finanziellen Aufwendungen für Seminarteilnahmen und dem Schöffendienst als Ehrenamt her: „Uns ist bekannt, dass die Dozenten bezahlt werden müssen. Meist handelt es sich um pensionierte Richter. Wir sehen das Amt als unsere Bürgerpflicht an. Für Einführungsseminare zu zahlen, steht in keinem Verhältnis“. Andere Befragte verbanden ihre Forderung nach häufigeren Schulungen eher mit einer Aussicht auf eine qualitätsvollere Urteilsfindung. Einige Schöffen, so ein Hauptschöffe aus Hessen (ID 7816), habe er als „zu sehr [...] mit ‚gesundem Volksempfinden‘ ausgestattet wahrgenommen. Die Rolle des Rechts und der Strafe (Resozialisierung)“ werde „nicht immer verstanden". Durch eine bessere rechtliche Aufklärung erhoffe er sich eine „evidenzbasierte Evaluation und Tatsachenbeurteilung" anstelle von „Küchenpsychologie". Damit wurde von den Schöffen ein Petitum aufgegriffen, das bereits in vielen älteren Publikationen zur Sprache kam.[183] Insoweit scheint unverändert ein beträchtlicher Verbesserungsbedarf vorhanden zu sein.

Ähnlich häufig (432) fand sich in den Antworten der Schöffen die Forderung, vorab mehr Informationen über die anstehende Verhandlung zu erhalten. So bat eine sächsische Schöffin (ID 5361) um „eine ausführliche Information über den zu verhandelnden Fall im Vorfeld der Verhandlung". Neben „dem Namen, dem Geburtsdatum und der Bezeichnung der vorgeworfenen Tat, dem Verhandlungsdatum, -ort bzw. -Uhrzeit" seien ihr bislang keine Informationen zur Vorbereitung auf die Verfahren mitgeteilt worden. Mehrere Schöffen kritisierten, sie würden in der Regel erst wenige Minuten vor der anstehenden Verhandlung mündlich über den zu behandelnden Fall informiert. Ein erfahrener Schöffe aus Bayern (ID 3579) schrieb dazu: „Ich habe in fünf Perioden als Schöffe sehr unterschiedliche Richter*innen kennen gelernt. In den letzten Jahren hat sich die allgemeine Information der Schöffen aus meiner Sicht verbessert. Die Information direkt vor den Verhandlungen ist sehr richterabhängig und bedarf oft der aktiven Nachfrage durch die Schöff*innen". Für wie wichtig Schöffen eine umfassende Einführung in den Sachverhalt (zumindest) unmittelbar vor der Verhandlung halten, offenbarte bereits die Befragung von *Rennig* Anfang der 1990er Jahre.[184]

Ein aus der Literatur bekannter Streitpunkt betrifft die Akteneinsicht durch die ehrenamtlichen Richter.[185] Wenig überraschend ist daher, dass ebenfalls viele Schöffen (294) forderten, vermehrt Einsicht in relevante Dokumente (z. B. Verfahrensakten, Anklageschrift, Gutachten) zu erhalten. Auch dieses Anliegen ist nicht neu und wurde bereits in älteren Schöffenbefragungen in vergleichbarer Weise vorgebracht.[186] „Vorherige Aktenein-

183 Siehe z. B. *Klausa*, 1972, S. 81, *Lennartz*, 2016, S. 226 ff., *Rönnau*, 2016, S. 307 und *Schecker*, 2020, S. 55. In *Rennig*, 1993, S. 513 ff. sprechen sich fast alle Schöffen für eine breite Palette von Fortbildungsangeboten aus.

184 *Rennig*, 1993, S. 509.

185 Vgl. z. B. *Börner*, 2010, S. 157 (181), *Hillenkamp*, 1998, S. 1443 ff., *Nowak*, 2006, S. 459, *Rönnau*, 2016, S. 299 ff., *Rönnau*, 2018, S. 368, *Sander* in: Löwe/Rosenberg StPO 27. Aufl. 2021, § 261 Rn. 33 ff., *Satzger*, 2011, S. 518 (523 f.), *Schmidt*, 2019, S. 52 ff. und *Terhorst*, 1988, S. 809 sowie die Ausführungen zu den Antworten auf Frage 7e.

186 Siehe z. B. *Klausa*, 1972, S. 81, *Lennartz*, 2016, S. 273 ff. und *Rennig*, 1993, S. 508 ff.

sicht, durchaus online, um sich besser vorzubereiten" wünschte sich in diesem Zusammenhang ein Schöffe aus Sachsen-Anhalt (ID 569) explizit. „Die Schöffen müssen automatisch eine Abschrift der Anklageschrift ausgehändigt bekommen", verlangte beispielsweise auch ein niedersächsischer Schöffe (ID 8368), „damit sie die vorgeworfenen Taten zur Beurteilung der Gesamtsituation heranziehen können". Sonst sei es unmöglich, dem Verfahren zu folgen: „Wer kann sich schon 50 oder mehr Vorwürfe merken oder mitschreiben?". Sehr anschaulich erläuterte auch eine Berliner Schöffin (ID 4846) ihre Frustration, die sie anhand mangelnder Akteneinsicht bei komplexen Verfahren empfindet und die sie sogar mit einer Reformforderung verband: „Ich war in zwei sehr umfangreichen Verfahren Schöffin, mit mehreren Angeklagten. Es gab umfangreiche Akten durch die intensive Ermittlungsarbeit der Polizei. Ich habe völlig den Überblick verloren. Es war z. B. nicht möglich die vielen TKÜs zu interpretieren, da ich keine Idee hatte was aus dem einzelnen Telefonat nun als Beweis gelten soll, wenn auch viel Belangloses gesprochen wurde. Ein Prozess zieht sich nun schon über ein Jahr mit 1–2 Verhandlungstagen pro Woche. Ich schreibe schon immer mit, aber wie soll ich einschätzen können, ob ein Beweis aus meiner Sicht stimmt, wenn ich ihn gar nicht einsortieren kann und es zu viele Details gibt. Meine Rolle als Schöffin ist ein Witz. Ich entscheide am Ende ausschließlich nach meinem Bauchgefühl, mit allen Vorurteilen, die dann da drinstecken. In einem anderen Prozess ging es um komplizierte Argumentationen im Wirtschaftsstrafrecht, da fühle ich mich überfordert. In großen, komplexen Verfahren müssten die Schöffen die Akte wenigstens mitlesen können! Die Berufsrichter sind grundsätzlich freundlich und respektvoll und gehen auf meine Fragen und Hinweise ein. Aber unterm Strich ziehen die ihr Programm durch und entscheiden. Die Schöffen sind im Grunde eine Farce und sollten in komplexen Verfahren abgeschafft werden (oder intensiv eingebunden werden)."

Der Wunsch einiger Schöffen, insgesamt stärker an den Verfahren beteiligt zu werden, wurde in Teilen bereits an anderer Stelle deutlich, etwa bei den Freitext-Antworten der Schöffen auf Frage 26 nach ihren Eindrücken von Absprachen im Strafverfahren. Auch bei der Frage nach möglichen Verbesserungen für das Schöffenamt forderten viele Befragte eine stärkere Einbindung in die jeweiligen Verfahren (229). Vermehrt beklagten die Teilnehmer, dass sie keinen echten Einfluss ausüben könnten. Exemplarisch schrieb ein Schöffe aus Sachsen: „Die Rolle und Aufgabe der Schöffen sollte zum einen klarer geregelt werden und zum anderen sollten Schöffen mehr einbezogen werden. Man erscheint zur Verhandlung, bekommt im

Idealfall 5 Minuten einen Kurzüberblick, bei manchen Richtern nicht mal das, weil diese der Meinung sind, man soll die Informationen lieber unvoreingenommen erst in der Verhandlung hören. Wie soll man so aktiv mitwirken? Letztlich ist man zum passiven Zuhören verdonnert, weil man nichts über den Fall und die Zusammenhänge weiß. Damit aber entscheiden die Berufsrichter über alles und die Schöffen können kaum etwas dagegen sagen, weil sie es einfach nicht besser wissen können. Das ist insgesamt wenig befriedigend. Die Fernsehserie ‚Der Beischläfer' hat da schon seine Daseinsberechtigung ... Es ist für mich eine spannende Tätigkeit, aber wirklich gebraucht fühle ich mich nicht" (ID 2204). Der Wunsch nach mehr Beteiligung bezieht sich dabei auf verschiedene Phasen der Verfahren. Einige Schöffen monierten etwa die unzureichenden Mitwirkungsmöglichkeiten in der Hauptverhandlung. So forderte eine Hilfsschöffin aus Süddeutschland (ID 1316), die Berufsrichter sollten ihre ehrenamtlichen Kollegen häufiger zum Stellen von Fragen ermutigen, da „die Konstellationen" der justiziellen Akteure „so ‚professionell'" seien, dass sie sich „kaum traue etwas zu fragen". Eine sächsische Jugendschöffin (ID 3115) wäre hingegen „gern stärker an der Urteilsfindung beteiligt" gewesen; in der Regel ginge man „in das Hinterzimmer" und sehe „dem Richter zu, wie er das Urteil verschriftlicht". Ein Schöffe aus Niedersachsen (ID 7809) bezog in seinen Kommentar auch Vorgänge außerhalb der Verhandlung mit ein, indem er eine „Einbindung in alle Vorgänge vor der Hauptverhandlung" vorschlug, um die Lage der Schöffen zu verbessern. Denn nach vorausgehenden Absprachen stünden sonst „Richtung und Verlauf (auch Ausgang) des Verfahrens fest, ohne dass darauf noch Einfluss genommen werden kann". Wie schon in anderen Zusammenhängen wurde außerdem vermehrt die zentrale Rolle der Berufsrichter betont. Besonders anschaulich drückte sich diesbezüglich ein hessischer Schöffe (ID 8852) aus, der nebenbei auch die Notwendigkeit eines proaktiven Verhaltens seitens der Laienrichter unterstrich: „Es gibt sehr unterschiedliche hauptamtliche Richter. Einige beziehen die Schöffen von vornherein sehr gut in das Verfahren mit ein. Anderen muss man manchmal Informationen sprichwörtlich aus der Nase ziehen".

Zahlreichen Stimmen (202) zufolge fehlt es grundsätzlich an einer Akzeptanz bzw. einem Respekt für die Schöffen, sowohl durch Berufsrichter, aber auch seitens anderer Verfahrensbeteiligter oder durch die Gerichtsverwaltung. Ein bayerischer Hauptschöffe (ID 2176) schrieb dazu sichtlich verärgert, aber durchaus bedenkenswert: „Schöffen bringen kein Rechtswissen, sondern Rechtsempfinden ein. Sie stellen Vergleiche an und stellen

Grundsatzfragen. Dies wird von den Berufsrichtern nicht gewollt bzw. ist nicht deren ‚Denke'. Entsprechend genervt/unwirsch/abkanzelnd reagieren Richter. Schöffen werden nicht ernst genommen mit der Rolle, die sie einnehmen sollen". „Schöffen sollten nicht als Richter 2. Klasse angesehen werden", kritisierte auch eine Schöffin aus Nordrhein-Westfalen (ID 6703). Eine Schöffin aus Baden-Württemberg (ID 3133) hob wiederum die unterschiedliche Wertschätzung durch einzelne Berufsjuristen hervor: „Je nach Richter wird man als Schöffe mehr oder weniger ernst genommen. Manche Richter sehen uns Schöffen wohl eher als lästig und unbequem. Ich hatte auch schon Richter, die meinten, ihr Urteil stehe schon fest und daran könnten auch wir nichts machen – wir müssten dann eben so lange beraten, bis er uns überzeugt hat. Diese Richter vergessen dann auch manchmal, die Schöffen zu fragen, ob man noch Fragen hat. Aber es gibt weitaus mehr Richter, die sehr viel Wert darauflegen, dass die Schöffen mit einbezogen werden!". Eine westdeutsche Teilnehmerin (ID 6693) störte sich daran, dass in den Schreiben des Gerichts die möglichen Sanktionen bei Nichterfüllung des Schöffenamtes aufgelistet werden. Denn die Schöffen erfüllten „das Amt freiwillig" und seien keine „Angeklagten", die man unter „Androhung von Strafen (Ordnungsgeld)" zur Verhandlung zitieren müsse. Auch eine Hilfsschöffin aus Bayern (ID 4413) monierte die Kommunikation durch die Ansprechpartner in der Gerichtsverwaltung; diese seien bei Fragen „immer äußerst unhöflich" gewesen – außer, „wenn sie etwas von [ihr] wollten".

Viele Schöffen thematisierten auch terminliche Aspekte bei der Ausübung des Schöffenamts. Die Kategorien „Bessere zeitliche Flexibilität/Planbarkeit" (186), „Bessere Vereinbarkeit mit Arbeit/-geber" (95) und „Häufigere Gerichtstermine/Einsätze" (89) werden hier aufgrund ihrer inhaltlichen Verflechtung gemeinsam wiedergegeben. In vielen Kommentaren beschwerten sich Schöffen etwa darüber, dass sie sich viele Tage im Jahr für Verhandlungstermine freihalten müssten, die dann zu einem großen Teil kurzfristig wieder abgesagt würden: „Meine Einsätze verliefen inhaltlich rundum gut. Demotivierend im Schöffenamt sind Formalien wie die Unzuverlässigkeit der Einsatztermine auf der Jahresliste. Ich hatte mich gemeldet da vermeintlich händeringend Schöffen gesucht werden. Von den Jahreslisten mit rund 10 Terminen, die man am Jahresanfang bekommt und akribisch seine Urlaube und beruflichen Aktivitäten drum herum baut, um parat zu stehen, wurden zumindest in meinem Fall von 10 Terminen neun ein paar Tage vorher abgesagt", schrieb etwa eine Schöffin aus Hessen

(ID 5328).[187] Auch eine Schöffin aus Brandenburg (ID 925) störte sich an den kurzfristigen Terminabsagen – man erfahre oft erst „eine Woche vorher, ob der zu Jahresbeginn angekündigte Termin auch stattfindet". Sie habe in acht Schöffenjahren nur drei Verhandlungen beigewohnt, weshalb sie sich nicht erneut aufstellen lassen möchte. Umgekehrt sei es aber äußerst schwierig, als Schöffe einen Termin abzusagen – man müsse terminliche Verhinderungen „mit großem Vorlauf" und „vielen persönlichen Angaben" wie Buchungsbestätigungen nachweisen, wie die bereits zitierte hessische Schöffin (ID 5328) ausführte. Weitaus drastischer beschrieb einer ihrer Amtskollegen aus Nordrhein-Westfalen die Hürden, eine Befreiung von einem geplanten Sitzungstermin zu erreichen (ID 8560): „Manchmal muss man regelrecht zu Kreuze kriechen".

Während sich einige Befragte also mehr Einsätze wünschten (z. B. ein Schöffe aus einem westlichen Bundesland, ID 6476: „Seit 3 Jahren bin ich als Jugendschöffe tätig und wurde zu insgesamt 2 Verfahren an 2,5 Verhandlungstagen eingeladen. [...] Ich würde mir wünschen, viel öfter als Schöffe eingesetzt zu werden."), hatten andere Schöffen Probleme, den zeitlichen Aufwand mit ihrem Beruf zu vereinbaren: „Die Belastung ist enorm, gerade in Prozessen die mehr als 10 Verhandlungstage dauern, zum Teil über Monate hinweg! Ich bin berufstätig, bin in einem Mammutprozess und werde zusätzlich noch zu anderen Verhandlungen geladen. So sitze ich teilweise 3x in der Woche bei Gericht. Geht gar nicht!", beschwerte sich etwa eine andere Schöffin (ID 8679), die auch ganz generell die Länge der Wahlperiode für ein Schöffenamt kritisierte („Das Schöffenamt sollte auf 2 Jahre begrenzt sein, 5 Jahre ist nicht mehr zeitgemäß!"). Auch ein Schöffe aus Schleswig-Holstein (ID 8052) empfindet die Belastung durch seine Aufgabe als streckenweise unzumutbar; „Wenn man voll berufstätig ist" könne man nicht „an zehn Terminen in einem Quartal hinzugezogen werden". Außerdem müsse auf die Vereinbarkeit des Amts mit einer etwaigen Kinderbetreuung mehr Wert gelegt werden, die Planung von Urlauben sei „so schon schwer genug". Arbeitnehmer seien da weniger flexibel als etwa Rentner, „das sollte berücksichtigt werden". Auch gebe es immer wieder „Ärger mit dem Arbeitgeber über die Freistellung" (ID 3879). Eine Schöffin aus Sachsen (ID 3032) wurde besonders deutlich: „Schöffen sind wie Leibeigene... Es wird weder auf Urlaub noch auf das Arbeitsverhält-

187 Nach § 43 Abs. 2 GVG ist die Zahl der Hauptschöffen so zu bemessen, dass voraussichtlich jeder zu nicht mehr als zwölf ordentlichen Sitzungstagen im Jahr herangezogen wird.

nis Rücksicht genommen. Ein Privatleben gibt es nicht. Allein in einem Monat war ich mehr am Gericht als auf Arbeit. Ich gehe mit Schrecken zum Briefkasten, ob es wieder akute Terminänderungen gibt, die ich mit meiner Arbeit vereinbaren muss". Einige Schöffen forderten vor diesem Hintergrund eine Umverteilung der Belastung im Ehrenamt, etwa anhand der verfügbaren Zeit der jeweiligen Laienrichter oder durch die Möglichkeit gezielter Bewerbungen auf das Haupt- oder Hilfsschöffenamt („Oftmals werden Freiwillige abgelehnt oder Hilfsschöffe; Unfreiwillige hingegen zum Hauptschöffe ‚gezwungen'. Das ist für beide frustrierend und demotivierend.", ID 8983). Teilweise wurde auch vorgeschlagen, den „‚Zwang' zum Schöffenamt" (ID 5636) abzuschaffen, also eine Ablehnung der Berufung oder ein Rücktritt vom Amt (leichter) zu ermöglichen. Diese Forderung findet sich ebenfalls bereits in älteren Veröffentlichungen, teils seitens befragter Schöffen, teils seitens der jeweiligen Autoren.[188]

100 Schöffen äußerten das Anliegen, die Aufwandsentschädigung bzw. die Entschädigung des Verdienstausfalls der Schöffen anzuheben. Häufig wurde vorgeschlagen, die Vergütung solle „mindestens auf dem Niveau des Mindestlohns liegen" (ID 2070), denn die Entschädigung sei derzeit „ein Witz" (ID 149) bzw. ein „schlechter Scherz" (ID 6021). Neben dem Ausgleich von Verdienstausfällen sei auch die Höhe der Erstattung von Fahrtkosten „lächerlich" (ID 8507). „6,- Euro pro Stunde sind zu wenig, wenngleich es sich auch um ein Ehrenamt handelt", bemängelte ein Schöffe aus Baden-Württemberg (ID 3337). Ein Schöffe aus Niedersachsen (ID 971) betonte die besonderen Schwierigkeiten, die sich dann stellten, wenn Selbstständige dieses Ehrenamt ausfüllten: „Ich denke, dass der Verdienstausfall deutlich höher sein sollte, denn man nimmt sich teilweise ganze Tage Zeit, um bei Gericht zu sein. Besonders für mich als Selbstständiger gehe ich damit auch das Risiko ein, dass mir ein Geschäft entgeht oder ich Kunden verärgere. Allerdings möchte ich auch betonen, dass ich es für ein sehr wichtiges Ehrenamt halte und auch immer wieder bekleiden würde". Ein Bremer Kollege (ID 7948) beschrieb ähnliche Probleme, jedoch mit anderem Fazit: „Mein Verlust im Schöffeneinsatz liegt durchschnittlich bei 500 € aufwärts, da ich meine eigenen Dienstleistungen, die ich anbiete, umterminieren muss oder ausfallen lassen muss! Die Bezahlung in Bremen ist sehr schlecht, obwohl man die Daten im einzureichenden Beleg eingibt! Man wird nur ausgelacht und man erhält eine minimale Bezahlung! Das

188 Siehe z. B. *Benz*, 1982, S. 213 und *Rennig*, 1993, S. 508.

wäre ein Grund sofort das Schöffenamt/Richteramt direkt aufzugeben! Für selbstständige Personen nicht zu empfehlen!!"

Ein anderes Thema, welches von vielen Schöffen aufgegriffen wurde, ist das der Modernisierung, Entbürokratisierung bzw. Digitalisierung der Abläufe am Gericht (92). Oft wurde etwa die Ausstattung der Gerichte moniert: „Ich empfinde die Ausstattung der Gerichte als mittelalterlich. Ich habe noch keinen Beamer oder Laptop in der Verhandlung erlebt. Es wird Papier gewälzt", beanstandete etwa ein Schöffe aus Niedersachsen (ID 912), der zugleich den Weg der Verteilung der Umfrage kritisierte: „Auch die Einladung zur Teilnahme an der Befragung kam als Brief". Einer seiner Amtskollegen (ID 3158) charakterisierte die Vorgänge bei Gericht als „erschreckend analog und chaotisch". Es fehlten oftmals „Teile der Akten", auch bei „seit Monaten anberaumten" Terminen. Dadurch würden Verhandlungen „nach 20 Minuten wilder Diskussion" wieder verschoben, was „eine Zumutung für die Schöffen und nicht zuletzt die Angeklagten" sei. Eine Schöffin aus Baden-Württemberg (ID 4214) stufte die mangelnde Digitalisierung – sehr anschaulich – gar als Gefahr für den Ruf der Justiz in der Öffentlichkeit ein: „Digitalisierung fehlt komplett bei Gericht. Es kann doch nicht sein, dass eine Karre voll Akten vorgefahren wird, um dann bei einer Frage in den Unterlagen nach einer Antwort zu kruschteln. Das ist dem Ansehen des/der Gerichte nicht würdig und untergräbt das Vertrauen in die Schlagkraft des Staates, da die Lebenswirklichkeit selbst der kleinsten Straßendealer eine digitalere ist". Eine andere süddeutsche Schöffin (ID 4521) forderte dementsprechend, die Justiz müsse „endlich im Jahr 2021 ankommen", da fehlende Digitalisierung auch den Ermittlungserfolg verhindere: „Erlebtes Beispiel: Ein Täter begeht am selben Tag zwei gleiche Straftaten, einmal morgens und einmal abends. Es werden zwei Akten angelegt. Die eine Staatsanwaltschaft weiß nichts von der anderen. Dies müsste im Computer sofort ersichtlich sein". Dass die „Einladung zu dieser Umfrage [...] als Ausdruck" überstellt worden sei und er „den Link per Hand" in seinen Internetbrowser habe „abtippen" müssen, so ein Schöffe aus Niedersachsen (ID 5207), sei „symptomatisch für die gesamte Welt des Gerichts: Briefe, Kopien, Papierakten, Telefaxe, aber keine Mails, keine elektronischen Dokumente, alles sehr sehr altmodisch und papiergebunden". Dies belaste auch die Schöffen unnötig: „So habe ich sogar einmal an einem Montag den Weg ins Gericht gemacht, um dann vor Ort zu erfahren, dass die Sitzung verlegt wurde. Als ich danach nach Hause kam, fand ich auch den Brief mit der entsprechenden Info in meinem Briefkasten – abgesandt am Freitag davor". Seine Ansprechpartner bei Gericht seien ebenfalls nur per „Fax, Telefon oder Brief“ erreichbar. Er sehe in der Digitalisierung der Abläufe bei Gericht eine Chance für die justiziellen Akteure, „eine Menge Zeit“ zu gewinnen.

Unabhängig von Fragen der Digitalisierung beanstandete ein Schöffe aus Bayern (ID 3320) viele Vorgänge grundsätzlich als ineffizient: „Gegenwärtig muss ich nach dem Verfahren einen Zettel durch die/den Vorsitzenden unterschreiben lassen und damit zur Schöffengeschäftsstelle laufen. Wäre es nicht möglich, dass Beginn, Ende und Namen der Schöffen automatisiert an die Schöffengeschäftsstelle übermittelt werden? Diese Angaben werden doch sowieso protokolliert, wieso ist dann das zusätzliche Formular für alle Schöffen nötig?“. Ähnlich sieht ein ehrenamtlicher Richter aus Sachsen (ID 2003) Bedarf für unbürokratischere Abläufe: „Da ich noch berufstätig bin, finde ich den behördlichen Schreibkram zwecks Lohnausgleichszahlung, erst zum Arbeitgeber und dann wieder zurück zum Gericht nicht zeitgemäß. Das sollte einfacher, schneller und unbürokratischer geregelt werden.“ Auch eine hessische Schöffin (ID 5313) empfindet die Abrechnungsanträge als „fürchterlich umständlich“. Ein norddeutscher Schöffe (ID 7608) wünschte sich zusätzlich digitale Ladungen zu Verhandlungen, da dies unnötig komplizierte Abläufe verhindern könne. „Am schlimmsten“ sei es gewesen, als die Polizei ihn für einen Verhandlungstermin abholen wollte, für den er erst am folgenden Tag „die Ladung erhielt“. In Verbindung mit dem Modernisierungsbedarf in bürokratischer Hinsicht sei auch eine grundsätzliche Reform der Strafprozessordnung nötig, befand ein Schöffe aus Rheinland-Pfalz (ID 3719): „Die Berufsrichter habe ich als sehr engagiert erlebt, aber die Strafprozessordnung ist teilweise antiquiert und die Arbeitsbelastung der Richter ist zu hoch, worunter die Qualität sicher leidet. Dass z. B. im Wirtschaftsprozess bei der Hinterziehung von UST der Staatsanwalt tagelang Tabellen vorliest, ist für mich nicht nachvollziehbar, für mich ein Skandal und eine Verschwendung von Steuergeldern. Tradition ist gut, aber man darf den Fortschritt damit nicht behindern. Digitalisierung vor Gericht ist dringend notwendig. Hier sind wir Entwicklungsland.“

Mit 83 Nennungen waren zudem nicht selten Forderungen nach einer besseren Ausstattung – hier ausschließlich in „analoger“ Hinsicht – der Gerichte zu verzeichnen. Dabei wurden für Schöffen nutzbare Aufenthaltsräume vorgeschlagen, damit diese etwa nicht „im Flur warten müssen“ (ID 3127). Auch eine bessere Verpflegung wie Kaffee oder „wenigstens eine Flasche Wasser“ (ID 5465) sowie reservierte Parkplätze („Es sollte grundsätzlich die Möglichkeit bestehen, dass die Schöffen auch auf den Parkplätzen der Gerichtsbeschäftigten parken dürfen“, ID 8986) wurden genannt.

Daneben gab es außerdem Forderungen nach einem erleichterten Einlass für Schöffen, beispielsweise durch Aushändigung von Schöffenausweisen, „damit sie wie Berufsrichter ohne Kontrolle in die Gerichtsräume gelangen können“ (ID 6341). Einen niederschwelligen Zugang zu den Räumlichkeiten des Gerichts wünschte sich beispielsweise diese Schöffin aus Brandenburg (ID 6971): „Wir haben als Schöffen keinen Zugang zu den Räumen. Wenn wir mal zur Toilette müssen, stehen wir immer draußen und warten bis jemand kommt, wir haben keine Einlasskarten für die Türen.“ Als „nervig“ empfindet auch ein Schöffe aus Nordrhein-Westfalen (ID 6105) die Einlasskontrollen, denn „4 bis 6x pro Verhandlungstag kontrolliert zu werden“ sei vermeidbar und dem Schöffenamt nicht würdig – „immerhin sind wir ehrenamtliche Richter“.

Weitere Verbesserungsvorschläge können unter anderem unter Forderungen nach einer transparenteren Kommunikation der Juristen (43), einer besseren Vernetzung (40) sowohl unter den Schöffen als auch mit den Juristen, einer besseren Aufklärung über/für das Schöffenamt in der Gesellschaft (28), einer Stärkung und einem Ausbau der Interessenvertretungen/Ansprechpartner für die Belange von Schöffen (20) und nach einem psychologischen Betreuungsangebot oder von Supervisionen nach Verhandlungen mit belastenden Inhalten wie Fällen von Kinderpornographie (16) zusammengefasst werden.

In vielen Antworten wurde aber auch betont, dass die jeweiligen Schöffen neben den zu kritisierenden Aspekten viele gute Erfahrungen im Ehrenamt hätten sammeln können. Eine niedersächsische Schöffin (ID 683) lobte etwa, dass in Hannover die Möglichkeit bestehe, vor Amtsantritt „eine JVA zu besuchen, [...] um ein Gefühl für die Strafe Gefängnis zu bekommen“. Einer ihrer Kollegen (ID 684) stellte sich zwar die Frage, ob „sich das Schöffenamt historisch in der Sache überlebt“ habe, schätzte aber gleichzeitig die Erfahrungen, die man dabei sammeln könne: „Gleichwohl macht mir die Tätigkeit viel Spaß! Wann hat ein Nichtjurist schon einmal die Möglichkeit ‚live‘ und ganz praktisch und hautnah das deutsche (Straf-)Rechtswesen zu ‚erleben‘“. Seitdem er durch das Schöffenamt Einblicke in die Rechtsprechung erlangt habe, betonte ein norddeutscher Schöffe (ID 6617), vertraue er dieser mehr als zuvor. Außerdem, fuhr er fort, verfange „Bildzeitungspolemik“ bei ihm nun nicht mehr, was er auch seinem Umfeld zur Kenntnis gebe.

Ein bayerischer Schöffe (ID 745) bezeichnete das Schöffenamt insgesamt als auf einem guten Weg; in den „letzten beiden Jahren“ sei er „mehr in die Urteilsfindung eingebunden“ worden, die Richter würden „jünger“

und es habe sich im Vergleich zu früheren Zeiten „schon was verändert". „Die Beteiligung der Bürger an der Rechtsprechung", so ein hessischer Laienrichter (ID 1930), sei übrigens „ein sehr hohes Gut, dessen sich aber leider nur sehr wenige Bürger bewusst sind". Ähnlich äußerte sich dieser sächsische Schöffe (ID 2539): „Mich hat die Arbeit als Schöffe sehr interessiert und ich wurde von allen Richtern sehr gut unterstützt. Meine Fragen wurden stets kompetent beantwortet. Ich habe den Eindruck, dass es leider in der Öffentlichkeit zu wenig Interesse für diese Tätigkeit gibt. Deshalb müsste meines Erachtens von den offiziellen Stellen dafür mehr Öffentlichkeitswerbung gemacht werden. Das Schöffenamt ist gewollte und erlebte Demokratie; es ist eine Möglichkeit Demokratie erlebbar und bürgernäher zu machen. Diesen Gedanken sollte man offensiver in unsere Gesellschaft tragen."

Während zwar auch „mehr Diversität" (ID 5281) gefordert bzw. die mangelnde Repräsentativität der Schöffen für die Gesamtbevölkerung moniert wurde (so seien „fast nur KollegInnen aus dem öffentlichen Dienst, Selbstständige, Rentner oder Nichtberufstätige an den Gerichten tätig", Schöffin aus dem Saarland, ID 4728), zeigte sich gleichzeitig, dass Schöffen gänzlich unterschiedliche Meinungen und Weltanschauungen vertreten. So erklärte ein Schöffe aus Rheinland-Pfalz (ID 4056), man müsse bei der Schöffenauswahl mehr Sorgfalt walten lassen, da sich etwa „Hausfrauen" von Angeklagten „leicht beeindrucken" ließen, wenn diese „auf die Tränendrüse drücken" würden. Er „als pensionierter Polizeibeamter" oder andere „Personen, die im Beruf stehen", seien dagegen weniger beeinflussbar und hätten „eine klare Meinung". Im Kontrast wünschte sich eine andere Schöffin (ID 1152) ausdrücklich mehr „Hausfrauen" und weniger „Lehrer [...] und Angestellte im öffentlichen Dienst". Ein weiterer Schöffe (ID 4927) äußerte den folgenden Wunsch: „Den Schöffen sollte ein interkulturelles Training angeboten werden, da manche die Straftaten eines Angeklagten lediglich auf seine Herkunft reduzieren. Dies wird von den in der Gesellschaft herrschenden Vorurteilen untermauert. Ältere, verbeamtete und im öffentlichen Dienst tätige Schöffen tendieren eher zu einem härteren Urteil." An diesen Schilderungen lässt sich exemplarisch ablesen, dass durch Laienrichter – wie vorgesehen – eine große Bandbreite von Meinungen und Weltanschauungen abgebildet wird, auch wenn hinsichtlich der repräsentativen Auswahl der Schöffen weiterhin Optimierungsbedarf besteht.

Tabelle 91. Kategorisierte Freitext-Antworten bei Frage 28 und Anzahl der jeweiligen Nennungen. Teilweise wurde eine Antwort mehreren Kategorien zugeordnet. N = 1870.

Kategorien der Freitext-Antworten	**Anzahl Nennungen**
Häufigere/bessere fachliche Schulungen/Weiterbildungsangebote	442
Ausführlichere Vorbesprechung/mehr Informationen vorab	432
Einsicht in Dokumente (Akten, Anklageschrift, Gutachten)	294
Stärkere Einbindung der Schöffen in das Verfahren	229
Mehr Akzeptanz/Respekt für Schöffen	202
Bessere zeitliche Flexibilität/Planbarkeit der Gerichtstermine	186
Bessere Vergütung/höhere Entschädigung	100
Bessere Vereinbarkeit der Schöffentätigkeit mit Arbeit/-geber	95
Modernisierung/Entbürokratisierung/Digitalisierung	92
Häufigere Gerichtstermine/Einsätze	89
Bessere Ausstattung der Gerichte (Zugang, Räume, Verpflegung, Parken)	83
Transparentere Kommunikation der Juristen	43
Bessere Vernetzung mit Schöffen/Juristen	40
Bessere Kommunikation/-swege	34
Bessere Aufklärung/Werbung über/für das Schöffenamt in der Gesellschaft	28
Stärkung des Selbstvertrauens der Schöffen	21
Stärkung und Ausbau der Interessenvertretungen/Ansprechpartner	20
Psychologisches Betreuungsangebot/Supervision	16
Schöffenamt überholen oder abschaffen	14
Schöffen mehr nach Expertise/Qualifikation berufen	12
Repräsentativere Schöffenauswahl	11
Ehrung für Ausübung des Amtes (z. B. in Form einer Urkunde)	10
Möglichkeit des Rücktritts vom Amt	10
Auflockerung der Altersgrenzen des Schöffenamts	9
Gezielte Bewerbung auf Haupt-/Hilfsschöffenamt ermöglichen	9
Mögliche Befangenheit gegenüber Angeklagten früh klären	8
Sonstiges	69

IV. Interpretation und Fazit

Aus der hier vorgestellten Untersuchung, der eine bundesweite Online-Befragung von 8759 Schöffen zugrunde liegt, lassen sich drei wesentliche Erkenntnisse ableiten.

Die erste davon betrifft allgemeine Einschätzungen der Laienrichter über die von ihnen wahrgenommene Aufgabe. Insoweit zeigte sich, dass die meisten Schöffen dieses Amt als wichtigen Bestandteil des Strafprozesses ansehen, und dass sie darüber hinaus mit ihrer konkreten Tätigkeit überwiegend zufrieden sind. Zudem werden die Umstände, unter denen die Schöffen ihr Amt bekleiden, im Wesentlichen als akzeptabel empfunden, wenngleich die zahlreichen Verbesserungsvorschläge nicht zu übersehen sind, welche die Laienrichter im Einzelnen gemacht haben.

Im Mittelpunkt der Umfrage stand jedoch zweitens, wie Schöffen sogenannte Absprachen im Strafverfahren erleben und ob und wie sie gegebenenfalls daran mitwirken. Hier wussten zahlreiche Schöffen von Absprachen zu berichten. Obwohl in den gestellten Fragen bewusst nicht zwischen erlaubten Verständigungen und verbotenen informellen Absprachen differenziert wurde, lassen die Antworten der befragten Laienrichter mittelbar auf eine weite Verbreitung illegaler Absprachepraktiken schließen. Damit bestätigte sich die Einschätzung der Berufsjuristen in der im Jahr 2020 publizierten Befragung von *Altenhain*, *Jahn* und *Kinzig*, nach der insbesondere informelle Absprachen auch nach dem Urteil des Bundesverfassungsgerichts aus dem Jahr 2013[189] weiterhin ein fester Bestandteil der gerichtlichen Praxis sind.[190]

Drittens fiel auf, dass sich die Schöffen in mehrfacher Hinsicht regelmäßig von Absprachen ausgeschlossen fühlen. So sind sie selbst größtenteils der Meinung, weder das Zustandekommen noch den Inhalt von Absprachen entscheidend beeinflussen zu können. Daneben scheinen immer wieder (und dadurch in erheblichem Umfang als informell zu charakterisierende) Absprachen schlichtweg ohne die Beteiligung der Laienrichter stattzufinden. Dessen ungeachtet sind Schöffen offensichtlich auch nicht so genau über die Regelungen zur Verständigung informiert, dass sie verbotene in-

189 BVerfGE 133, 168.
190 *Altenhain/Jahn/Kinzig*, 2020, S. 530 f.

formelle Absprachen von nach § 257c StPO zulässigen Verständigungen und Erörterungen vor Eröffnung des Hauptverfahrens ohne Schöffenbeteiligung unterscheiden können. Insgesamt gesehen, kann damit die Rolle der Schöffen bei Verfahrensabsprachen nur als randständig bezeichnet werden.

In den nachfolgenden Abschnitten erfolgt zunächst (unter 1.) eine kurze Darstellung der Limitationen der vorliegenden Untersuchung. Anschließend werden die Ergebnisse der Studie zusammengefasst und diskutiert. Den Anfang machen (unter 2.) allgemeine Einschätzungen der Schöffen zu ihrem Ehrenamt. Danach (unter 3.) werden Verständigungen und informelle Absprachen aus der Sicht der Laienrichter beleuchtet, bevor abschließend (unter 4.) auf die Rolle der Schöffen eingegangen wird, die sie derzeit bei der Vornahme von Absprachen im Strafprozess besitzen.

1. Limitationen der Untersuchung

Bei Betrachtung der Ergebnisse der Befragung ist zunächst generell zu berücksichtigen, dass es sich bei Schöffen um juristische Laien handelt. Auch waren die richterlich-praktischen Erfahrungen, über welche die Teilnehmer zum Zeitpunkt der Beantwortung der Umfrage verfügten, sehr unterschiedlich. Während eine Mitwirkung an Strafverfahren zum ständigen Alltag von Berufsrichtern, Staatsanwälten und Strafverteidigern gehört, waren und sind die meisten Schöffen nur an vergleichsweise wenigen Strafprozessen beteiligt. Dies zeigt sich an dem Mittelwert von (nur) rund 16 Strafverfahren, an denen die Schöffen im Durchschnitt seit dem Jahr 2014 mitgewirkt haben (s. Frage 4). Da diese Zahl darüber hinaus zwischen den einzelnen Teilnehmern deutlich schwankt (Standardabweichung von ca. 17), ist davon auszugehen, dass sich die Erfahrungen der Schöffen und darauf basierend auch ihre Sichtweisen stärker voneinander unterscheiden als dies bei Berufsjuristen der Fall ist, die zudem fachlich homogen ausgebildet sind. Somit ist anzunehmen, dass Auffassungen und Einstellungen von Schöffen in besonderer Weise durch ihre ganz persönlichen Erfahrungen geprägt sind, die sie in einzelnen Strafverfahren gemacht haben. Bei Angaben zur Praxis von Absprachen, welche die Laienrichter naturgemäß noch seltener erleben als sie an Strafverfahren insgesamt beteiligt sind, dürfte dieser Einfluss einzelner Erlebnisse besonders stark ausgeprägt sein.

Damit zusammenhängend steht auch zu vermuten, dass trotz aller Bemühungen, die im Zuge der Konzeption des Erhebungsbogens unternommen wurden, um eine für die anvisierte Zielgruppe passgenaue Sprache zu verwenden, einzelne Fragen nicht von allen Schöffen vollumfänglich verstanden worden sind. Wie die gestellten Fragen interpretiert und beantwortet wurden, dürfte wesentlich davon abhängig gewesen sein, an welchen Strafverfahren die Schöffen bereits mitgewirkt und was sie dabei erlebt haben. So mögen manche Antworten auf ganz konkreten Erfahrungen beruht haben, während in anderen Angaben eher ein diffuses Bauchgefühl zum Ausdruck kam.

Wie bereits angedeutet, können Schöffen Fragen auch gar nicht oder mitunter sogar falsch verstanden haben. Bei welchen Fragen besondere Verständnisprobleme auftraten, kann nicht objektiv überprüft werden – lediglich die Häufigkeit, mit der von den Befragten eine zur Verfügung stehende ausweichende Antwort (z. B. „keine Angabe“) gewählt wurde, lässt insoweit vorsichtige Rückschlüsse zu. Die Folgen, die möglicherweise aufgetretene Verständnisprobleme für die Ergebnisse haben könnten, lassen sich exemplarisch an den Antworten auf Frage 18 zeigen, die versuchte, die genauen Inhalte von Verfahrensabsprachen zu eruieren. So könnten manche Laienrichter Schwierigkeiten gehabt haben, die abgefragten Vorgänge rechtlich zutreffend einzuordnen. Zum Beispiel könnten bei dem einen oder anderen Teilnehmer Missverständnisse darüber vorgelegen haben, was ein Schuldspruch umfasst oder was ein Rechtsmittelverzicht ist. Dadurch entstandene fehlerhafte Annahmen können zu einer Unter- oder Überschätzung der Häufigkeit konkreter Vereinbarungen bestimmter Absprachеinhalte geführt haben. Aufgrund mehrerer Indizien lässt sich außerdem mutmaßen, dass Schöffen eine verlässliche Abgrenzung zwischen nur erörternden „Vorgesprächen“ und verbindlichen Absprachen mitunter schwerfällt. Dies verwundert nicht, da die entsprechenden Grenzen auch in der Praxis bisweilen unklar zu sein scheinen. Daher ist es nicht ausgeschlossen, dass Schöffen illegale Inhalte bereits als vereinbart angesehen haben könnten, obwohl diese vielleicht nur Gegenstand unverbindlicher Vorgespräche waren. Wäre dem so, hätte dies eine Überschätzung der Häufigkeit informeller Absprachen zur Folge. Freilich sind auch Fehler in die andere Richtung dergestalt denkbar, dass Schöffen nicht alle getroffenen Absprachebestandteile (mehr) erinnerlich waren. Nicht auszuschließende Verständnisschwierigkeiten können also insgesamt zu einer gewissen Unschärfe der Ergebnisse beigetragen haben.

Dass bei der Befragung der Laienrichter nicht zwischen informellen Absprachen und „lege artis“ durchgeführten Verständigungen unterschieden und im Wesentlichen einheitlich nur nach Absprachen gefragt wurde, hat zur Folge, dass die Angaben der Schöffen nicht immer erlaubten oder unerlaubten Vorgängen zugeordnet werden können. Dennoch erwies sich die sorgfältig überlegte Verwendung des Oberbegriffs „Absprache“ rückblickend als sinnvoll, da manche Antworten von Schöffen zeigen, dass sie – wen wundert es – nicht immer über die nötigen Rechtskenntnisse verfügen, um erlaubte Verständigungen von verbotenen informellen Absprachen abzugrenzen.

Auch ist zu betonen, dass die vorliegende Untersuchung ausschließlich die Perspektive von Schöffen abbildet. Durch Vergleiche mit der im Jahr 2020 erschienenen Studie von *Altenhain*, *Jahn* und *Kinzig*, mit älterer Literatur sowie durch eine Kontextualisierung der Teilergebnisse (z. B. in Form der Berücksichtigung der Teilergebnisse bei Frage 18 bei der Interpretation der Antworten auf Frage 21) war es jedoch möglich, die ermittelten Ergebnisse in gewisser Weise zu objektivieren. Dennoch kann man davon ausgehen, dass Berufsjuristen einige Fragen anders beantwortet hätten, als dies die Schöffen getan haben. Naheliegend ist überdies die Vermutung, dass sich die jeweils befragte Gruppe, seien es Schöffen oder Berufsjuristen, im Vergleich zu Fremdeinschätzungen meist positiver darstellt – z. B. im Sinne sozial erwünschter Antworten –, als dies der Realität entspricht. Entsprechende Befunde für Schöffen und Berufsrichter konnte bereits *Lennartz* ermitteln.[191] Auch in der zuvor erfolgten Befragung justizieller Akteure konnten Hinweise auf sozial erwünschte Antworten insbesondere für Richter identifiziert werden.[192] Überdies kann bei freiwilligen Befragungen generell nicht ausgeschlossen werden, dass bestimmte Personengruppen innerhalb der beforschten Grundgesamtheit ein überdurchschnittliches Interesse an einer Teilnahme an der Untersuchung aufweisen (sogenannter Selektionseffekt). So könnte, wie bereits erwähnt, die Einladung zur Umfrage insbesondere besser gebildete Schöffen angesprochen haben. Auch ist denkbar, dass Schöffen, die auf besonders eindrückliche Erfahrungen mit Verfahrensabsprachen zurückblicken, ein erhöhtes Mitteilungsbedürfnis empfunden und sich deshalb verstärkt an der Umfrage beteiligt haben. Bei der Interpretation der Ergebnisse ist daher die Möglichkeit des Vorliegens der angesprochenen Effekte zu berücksichtigen.

Die geschilderten Limitationen sind bei einer Befragung von Laienrichtern unvermeidlich. Dass Angaben von Schöffen zur Praxis der Absprachen in rechtlicher Hinsicht nicht durchweg verlässlich sind, ist sogar ein wichtiger Befund der Untersuchung, zeigt sich darin doch eine mangelnde

---

191 *Lennartz*, 2016, S. 285 ff.

192 *Iberl/Kinzig*, 2022, S. 499.

Vertrautheit dieser justiziellen Akteure mit den geltenden Regelungen zur Verständigung und deren Grenzen.

Trotz der genannten Vorbehalte können aus der hier referierten Untersuchung wertvolle und neue Erkenntnisse abgeleitet werden. Bereits der Umfang und die Repräsentativität der vorgestellten Schöffenbefragung stellen ein Novum dar, auch wenn in einzelnen Bundesländern eine noch stärkere Beteiligung der Zielgruppe wünschenswert gewesen wäre.

Auf inhaltlicher Ebene konnten mehrere Befunde aus älteren Befragungen[193] für die Gegenwart repliziert und um neue Beobachtungen ergänzt werden. Auch die systematische, quantitative Befragung von Schöffen zum Phänomen der Absprachen im Strafverfahren ist ein Alleinstellungsmerkmal dieser Studie.

2. Allgemeine Einschätzungen der Schöffen zu ihrem Ehrenamt[194]

Zu der für die Strafrechtspflege nicht unwichtigen Frage, ob Schöffen einen repräsentativen Querschnitt der Gesamtbevölkerung darstellen, lassen sich zwei zentrale Beobachtungen festhalten.

Zum einen sind, gemessen an Merkmalen wie Alter, Geschlecht und Bildung, nach wie vor nicht alle Bevölkerungsgruppen gleichermaßen in diesem Ehrenamt vertreten. Vor allem junge Bürger und solche mit niedrigeren Bildungsabschlüssen sind als Schöffen drastisch unterrepräsentiert. Dies kann unter anderem mit einem fehlenden Interesse oder auch einer zeitlichen oder inhaltlichen Überforderung der genannten Personenkreise zu tun haben, aber auch damit, dass es jedenfalls derzeit nicht gelingt, breite und vor allem weniger gebildete Bevölkerungsschichten für das Schöffenamt zu interessieren. Dabei ist wichtig zu sehen, dass sich über 80 % der Befragten aktiv für diese Aufgabe beworben haben.

Zum anderen lässt sich, obwohl Schöffinnen und Schöffen noch immer nicht paritätisch in diesem Amt vertreten sind, ein eindeutig positiver Trend feststellen: Gegenüber früheren Zeiten ist der Anteil der Frauen an den ehrenamtlichen Richtern deutlich gestiegen.

Auf fast alle allgemeinen Fragen zu ihrem Schöffenamt äußerten sich die Teilnehmer der Studie überwiegend positiv. So halten sie die fachliche Ein-

193 Etwa von *Casper/Zeisel*, 1979 und *Rennig*, 1993.

194 Dieser Abschnitt basiert auf den Angaben der Teilnehmer zu ihren demographischen Merkmalen sowie auf deren Antworten auf die Fragen 1 bis 8, 27 und 28.

führung in ihr Ehrenamt größtenteils für ausreichend; ebenso fühlen sie sich durch die Berufsrichter gut auf die jeweiligen Verfahren vorbereitet – selbst bei Unkenntnis der Akten. Den mit den Schöffen zusammenarbeitenden Berufsrichtern wird auch für ihre Antworten auf allfällige Fragen der Laienrichter ein wohlwollendes Zeugnis ausgestellt. So gaben die meisten Schöffen an, in Beratungen problemlos Fragen stellen zu können. Darüber hinaus fühlen sich die Schöffen von den Berufsrichtern als gleichwertig akzeptiert. Eine solche Wertschätzung erfahren die Schöffen nach ihren Angaben tendenziell von allen justiziellen Akteuren, wobei ihre richterlichen Kollegen gegenüber Staatsanwälten und Strafverteidigern in besonderer Weise positiv auffallen. Gefühle von Überforderung oder Überflüssigkeit bei ihrer Aufgabe gaben nur wenige Befragte zu Protokoll. Die Schöffen betrachten ihr Amt mit großer Mehrheit als einen wichtigen Bestandteil des Strafprozesses und scheinen ihren Dienst als ehrenamtliche Richter nur selten zu bereuen. Knapp über die Hälfte der Befragten sieht keinen größeren Verbesserungsbedarf für die Lage der Schöffen bei Gericht, auch wenn im Einzelnen zahlreiche Änderungswünsche bestehen.

In Hinblick auf die Mitwirkung der Schöffen an den einzelnen Strafverfahren zeigte sich dagegen ein gemischtes Bild. Einerseits sind die Befragten mehrheitlich der Auffassung, das strafgerichtliche Urteil durchaus beeinflussen zu können. Andererseits gaben sie zu, nur selten eine andere Meinung als die Berufsrichter zu vertreten. Mehr als vier von fünf Schöffen stimmten außerdem zumindest tendenziell der Aussage zu, sich in der Regel auf die Einschätzung der Berufsrichter zu verlassen und sich ihnen anzuschließen. An den Urteilen, die sie in der Vergangenheit mitzuverantworten hatten, scheinen sich letztendlich nur wenige Schöffen zu stören: Mit fast 70 % hält eine große Mehrheit die unter ihrer Mitwirkung entstandenen Urteile für angemessen. Rund jeder vierte Schöffe ist indes der Auffassung, es sei eher milde geurteilt worden, während demgegenüber kaum jemand diese (seine) Urteile als sonderlich hart wahrgenommen hat. Damit scheint auch bei Schöffen ein Trend zu punitiven Einstellungen vorhanden, wenngleich er mutmaßlich wegen der besseren Vertrautheit mit dem deutschen Rechtssystem und dem höheren Bildungsgrad geringer als in der Allgemeinbevölkerung ausfällt.

Diejenigen Schöffen, die einen Verbesserungsbedarf für ihr Ehrenamt formulierten, störten sich vor allem an unzureichenden Informationen über die jeweiligen Strafverfahren, zu denen sie berufen wurden: sei es wegen einer fehlenden Akteneinsicht oder wegen einer nicht hinreichenden Unterrichtung durch die Berufsrichter unmittelbar vor der Verhandlung. Auch wurde häufig moniert, es gäbe zu wenige Schulungs- und Fortbildungsangebote für Schöffen oder eine Teilnahme daran sei mit zu vielen zeitlichen und/oder finanziellen Hindernissen verbunden. Einige Schöffen verlangten zudem eine stärkere Einbindung in die Verfahren; daneben wurde bisweilen eine größere Wertschätzung gefordert, nicht nur durch die Berufsjuristen, sondern auch seitens der Gerichtsverwaltungen. Gewünscht wurden etwa eine höflichere Kommunikation, die Bereitstellung von Räumlichkeiten sowie von Verpflegung zur Überbrückung von Wartezeiten und ein leichterer Zugang zu den Gerichten durch die Ausgabe von Schöffenausweisen. Überdies kritisierten verschiedene Befragte teils vehement, aber in unterschiedlicher Art und Weise, den mit dem Ehrenamt einhergehenden zeitlichen und organisatorischen Aufwand: Während sich viele Schöffen wünschten, häufiger in Strafverfahren eingesetzt zu werden, klagten andere über eine große Belastung und eine Unvereinbarkeit ihres Ehrenamts mit ihren beruflichen und familiären Anforderungen. Oftmals wurde generell eine bessere Planbarkeit der jeweiligen Einsatzzeiten angemahnt. Viele Termine würden kurzfristig abgesagt oder verlegt. Auch in diesem Zusammenhang charakterisierten manche Schöffen die Kommunikationswege der Gerichte als verbesserungswürdig und veraltet. Eine fehlende Digitalisierung und umständliche bürokratische Strukturen, sowohl in der Verwaltung als auch im Gerichtssaal selbst, ernteten neben Kritik auch Unverständnis und vereinzelt sogar Häme. Andere Befragte beklagten sich darüber hinaus über die nur geringe Aufwandsentschädigung für die Schöffentätigkeit und einen nicht ausreichenden Ausgleich eines etwaigen Verdienstausfalls.

Liest man die Forderungen der Befragten nach einer besseren Zeitplanung, drängt sich der Eindruck auf, dass die Verteilung der Schöffen auf die verschiedenen, mit Laienrichtern zu besetzenden Strafverfahren derzeit alles andere als optimal abläuft. Während sich einige Schöffen geradezu händeringend nach mehr Einsatzzeiten sehnen, ächzen andere unter ihrer zeitlichen Belastung und beschweren sich über die Unvereinbarkeit ihrer ehrenamtlichen Tätigkeit mit den übrigen Anforderungen in Beruf und Familie. Somit stellt sich die Frage, ob unter Berücksichtigung des in Art. 101 Abs. 1 S. 2 GG verbrieften Rechts auf den gesetzlichen Richter keine Aufteilung der Laienrichter auf die unterschiedlich aufwendigen Verfahren möglich ist, die sich stärker an den Bedürfnissen und Wünschen der Schöffen orientiert. Auch wenn das Schöffenamt, salopp formuliert, kein Wunschkonzert, sondern eine Bürgerpflicht darstellt, dürften Laienrichter ihr Amt sicherlich motivierter und gewissenhafter ausüben, wenn man sie nicht quasi widerwillig in den Gerichtssaal zerren muss. Daher könnte es von Vorteil sein, Schöffen, die ohne Bewerbung (und teils widerwillig) zum Ehrenamt berufen werden, nach Möglichkeit als Hilfsschöffen einzusetzen. Gleichzeitig erscheint es sinnvoll, Personen für das Hauptschöffenamt vorzuziehen, die sich aktiv als Schöffe beworben haben.[195]

Dass die vielfach durch die Schöffen kritisierte digitale Ausstattung der Gerichte rückständig ist, dürfte für die meisten Beobachter der Justiz – und auch für die gerügten Behörden – nichts Neues sein. Denn es ist schon länger bekannt, dass die deutschen Verwaltungseinrichtungen in puncto Modernisierung dem europäischen Standard hinterherhinken.[196] Während beispielsweise in Österreich bereits in den 1990er-Jahren der Grundstein für das sogenannte „ELAK"-Konzept gelegt wurde, welches unter anderem eine elektronische Aktenverwaltung ermöglicht,[197] sieht die deutsche Gesetzgebung eine flächendeckende Nutzung der sogenannten E-Akte im Strafrecht erst ab dem Jahr 2026 vor.[198] Auch wenn in der Justiz und insbesondere in der Strafrechtspflege besondere Hindernisse – darunter etwa hohe Anforderungen an den Datenschutz oder ganz allgemein die föderalistischen Strukturen, die länderübergreifende E-Aktenkonzepte und Datenbankenstrukturen erschweren – auf dem Weg zu einer effizienten

---

195 Eher ablehnend sub specie Art. 101 Abs. 1 S. 2 GG allerdings *Jachmann-Michel* in: Dürig/Herzog/Scholz, Grundgesetz-Kommentar, Werkstand: 99. EL September 2022, Art. 101 GG Rn. 34, wonach ehrenamtliche Richter nicht frei darin seien, selbst über den zeitlichen Rahmen ihrer Mitwirkung zu bestimmen; anders aber z. B. *Morgenthaler* in: BeckOK GG, 53. Ed. 15.11.2022, Art. 101 Rn. 20, wonach die strengen Voraussetzungen für Berufsrichter nicht für ehrenamtliche Richter gölten.

196 Siehe z. B. zum sogenannten E-Government *Bundeszentrale für politische Bildung/Kühnhenrich*, Digitalisierung der öffentlichen Verwaltung, 2021, https://www.bpb.de/kurz-knapp/zahlen-und-fakten/datenreport-2021/politische-und-gesellschaftliche-partizipation/330240/digitalisierung-der-oeffentlichen-verwaltung/ (abgerufen am 17.3.2023), *European Commission*, Digital Economy and Society Index (DESI) 2020 – Digital public services, 2020, https://ec.europa.eu/newsroom/dae/document.cfm?doc_id=67084 (abgerufen am 17.3.2023) und *Henning/Schulze/Meuche/Markus*, Forschungsbericht: Deutschlandweite Umfrage zum digitalen Reifegrad der öffentlichen Verwaltung auf Kommunalebene, 2022, S. 21 ff.

197 *Verwaltung der Zukunft/Müller-Török*, E-Akte: Wie die elektronische Akte für die Verwaltung schneller kommt – Prof. Robert Müller-Török beleuchtet die Faktoren, die die Umsetzung der E-Akte erschweren, 2020, https://www.vdz.org/digitalisierung-der-verwaltung/e-akte-wie-die-elektronische-akte-fuer-die-verwaltung-schneller (Stand 17.3.2023).

198 Gesetz zur Einführung der elektronischen Akte in der Justiz und zur weiteren Förderung des elektronischen Rechtsverkehrs vom 5. Juli 2017, BGBl. I 2017, S. 2208.

Digitalisierung überwunden werden müssen:[199] Es fällt ins Auge, dass nur wenige Äußerungen der Schöffen so dezidiert und fundamentalkritisch ausgefallen sind wie bei dieser Thematik.

3. Verständigungen und informelle Absprachen im Erleben von Schöffen[200]

Trotz der begrenzten Erfahrung der Schöffen und dem Verzicht darauf, diese Personengruppe getrennt nach Verständigungen und informellen Absprachen zu befragen, untermauern die vorliegenden Antworten einen Kernbefund der Untersuchung von *Altenhain*, *Jahn* und *Kinzig*: Absprachen sind auch aus Sicht der ehrenamtlichen Richter nach wie vor ein fester Teil der gerichtlichen Praxis.

Bei rund jedem vierten Verfahren, das die Schöffen miterlebt hatten, kam es nach ihren Angaben zu einer Absprache, wobei der jeweilige Anteil zwischen den Bundesländern differierte. Als Länder mit den höchsten Absprachequoten erwiesen sich Bremen, Schleswig-Holstein und Berlin sowie Mecklenburg-Vorpommern. Die meisten Absprachen fanden den Befragten zufolge zwar in der Hauptverhandlung statt, jedoch in einer Art und Weise, die von den Schöffen als „nichtöffentlich“ interpretiert wurde – nicht nur im Hinblick auf den Öffentlichkeitsgrundsatz des § 169 GVG ein bedenklicher Befund. Ergänzend gaben manche Schöffen an, dass die Absprachen häufig in Verhandlungspausen oder auf dem „kurzen Dienstweg“ vorgenommen worden seien. Darüber hinaus berichteten einige Schöffen, die jeweiligen Absprachen seien regelmäßig bereits vor der Hauptverhandlung erfolgt oder sogar bevor die Laienrichter von den einzelnen Verfahren gewusst hätten. Alle diese Vorgänge können somit, da gegen § 257c StPO verstoßend, als informelle Absprachen bezeichnet werden. Und selbst wenn einige Befragte nur erörternde Vorgespräche (fehlerhaft) bereits als bindende Absprachen eingestuft haben sollten: Durch diese vorbereitenden Gespräche, an denen sie nicht beteiligt werden, gewinnen die Schöffen of-

199 Siehe z. B. *Frankfurter Allgemeine Zeitung/Hetrodt*, Langzeitprojekt E-Akte: Opposition wirft Justizministerin Versagen vor, 2022, https://www.faz.net/aktuell/rhein-main/die-e-akte-von-justizministerin-kuehne-hoermann-kommt-in-hessen-spaeter-17905996.html (abgerufen am 17.3.2023), *Karg*, DuD 2013, S. 702 und *Süddeutsche Zeitung*, Justizminister für mehr Zusammenarbeit bei Digitalisierung, 2021, https://www.sueddeutsche.de/politik/bundeslaender-erfurt-justizminister-fuer-mehr-zusammenarbeit-bei-digitalisierung-dpa.urn-newsml-dpa-com-20090101-210616-99-11074 (abgerufen am 17.3.2023).

200 Dieser Abschnitt basiert auf den Antworten der Teilnehmer auf die Fragen 9 bis 26.

fensichtlich in zahlreichen Fällen den Eindruck, auf das Zustandekommen einer Absprache und den Ausgang eines Strafverfahrens keinen Einfluss mehr zu besitzen.

Die Schöffen gaben zudem an, die meisten Absprachen würden durch das Gericht initiiert, gefolgt von der Verteidigung. Damit wurden die gleichen Akteure als Motoren einer Absprache genannt wie in der zuvor durchgeführten Befragung justizieller Akteure, wenn auch in umgekehrter Reihenfolge.[201] Diese Divergenz lässt sich mutmaßlich durch den engeren Kontakt der Schöffen mit den Berufsrichtern und den Umstand erklären, dass die Verteidigung bei der Vorbereitung einer Verfahrensabsprache primär mit den Berufsrichtern interagieren dürfte.

Die Resultate zu der (empfundenen) Beteiligung der Schöffen an den Absprachen fallen eher ernüchternd aus.

Das Verhältnis der Absprachen, an denen die Schöffen seit dem Jahr 2014 ihrer Ansicht nach aktiv mitwirken konnten, zu allen Absprachen in Strafverfahren, an denen sie im gleichen Zeitraum beteiligt waren, betrug im Durchschnitt (nur) 0,66. Das bedeutet, dass sich Schöffen im Mittel nur in zwei von drei Absprachen aktiv einbezogen fühlten – obwohl sie „de lege lata“ an jeder Absprache beteiligt werden müssten. Daraus lässt sich ableiten, dass mindestens jede dritte Absprache schon allein aufgrund der mangelnden Beteiligung der Laienrichter rechtlichen Bedenken ausgesetzt ist. In Verbindung mit dem durch die Schöffen berichteten Verhältnis zwischen von ihnen erlebten Absprachen und den Strafverfahren insgesamt (0,24) würde dies bedeuten, dass – ihre Angaben zugrunde gelegt – mindestens jedes zwölfte strafgerichtliche Urteil mit Laienbeteiligung auf einer informellen Absprache beruht.[202] Dessen ungeachtet scheint die Nichtbeteiligung der Schöffen zumindest in einigen Fällen vermeidbar: Denn bei 14 % der Absprachen wurden die Schöffen nach eigener Auskunft nicht in die Gespräche der Verfahrensbeteiligten einbezogen, obwohl sie selbst vor Ort waren.

Diesen (alarmierenden) Zahlen zum Trotz sind die Schöffen mit der von ihnen wahrgenommenen Praxis der Absprachen tendenziell nicht unzufrieden. Nur bei jeder zehnten Absprache zweifelten die Befragten, ob der strafprozessuale Vorgang in der von ihnen erlebten Form zulässig war. Zumeist fühlten sich die Schöffen über Verlauf und Ergebnisse der

201 *Kinzig/Iberl/Koch*, 2020, S. 242 ff.

202 Diese Schätzung ist vor dem Hintergrund der mangelnden juristischen Ausbildung der Schöffen selbstverständlich nur eingeschränkt belastbar.

Absprachen sogar gut informiert; ebenso erachteten sie die Absprachen inhaltlich zumeist als verständlich. Ferner gaben sie mehrheitlich an, dass sie den Angeklagten auch nach vorangegangenen Absprachen noch hätten Fragen stellen können. Für die Abstimmung über das Urteil hielten sich die Laienrichter selbst dann inhaltlich gut gerüstet, wenn zuvor eine Absprache getroffen wurde. Dass ein Urteil auf Grundlage einer Absprache die Resozialisierung des Verurteilten negativ beeinträchtigen könnte, vermuteten lediglich wenige Schöffen. Nur selten befürchteten die Laienrichter, dass Angeklagte durch die Möglichkeit einer Absprache und den daraus resultierenden Strafrabatt zu einem falschen Geständnis gedrängt worden sein könnten. Die meisten Befragten waren zudem der Ansicht, die in der Absprache vereinbarten Geständnisse seien hinreichend auf ihre Richtigkeit überprüft worden. Eine Gefährdung des in § 261 StPO niedergelegten Grundsatzes, dass das Urteil aus dem „Inbegriff der Hauptverhandlung" gefunden werden muss, ist aus Sicht der Laienrichter durch die Absprachepraxis ebenfalls nicht zu befürchten.

Den von den Gerichten nach einer vorangegangenen Absprache gewährten Strafnachlass bezifferten die Schöffen auf 17,4 %. Damit fällt er etwas niedriger aus als in der Einschätzung der Berufsjuristen, die von einem durchschnittlichen Strafrabatt von 20,8 % ausgingen.[203] Die auf Absprachen basierenden Urteile wurden mehrheitlich nicht für unangemessen erachtet, wobei die Schöffen sie tendenziell für etwas milder hielten als diejenigen Urteile, die ihnen aus ihrer sonstigen Praxis geläufig sind.

Uneinheitlicher fallen dagegen die Antworten der Schöffen aus, wenn man sie nach ihren Mitbestimmungsmöglichkeiten bei Absprachen befragt. So variieren die Erfahrungen der Schöffen dazu, ob Vorschlägen zu Absprachen regelmäßig interne Abstimmungen des Gerichts vorangehen, recht stark. Weniger als die Hälfte der Befragten schilderte, dass dies (eher) die Regel sei. Dabei hat nach § 257c Abs. 3 StPO jeder Vorschlag zur Vornahme einer Absprache vom gesamten Gericht zu kommen, was die Schöffen als Teil des Spruchkörpers einschließt.[204]

Ihren Einfluss auf Absprachen erachteten die Schöffen größtenteils als begrenzt. Nur wenige Schöffen gaben an, das Zustandekommen und den Inhalt von Absprachen maßgeblich mitbestimmen zu können.

---

203 *Kinzig/Iberl/Koch*, 2020, S. 217.

204 *Eschelbach* in: Graf StPO 4. Aufl. 2021, § 257c Rn. 27, *Moldenhauer/Wenske* in: KK-StPO 9. Aufl. 2023, § 257c Rn. 23 und *Jahn* in: MüKo-StPO 2. Aufl. 2023, § 257c Rn. 138 ff.

Nach konkreten Inhalten von Absprachen befragt, berichteten die Teilnehmer zudem recht häufig Abmachungen, die bei Verständigungen gemäß § 257c bzw. § 302 Abs. 1 S. 2 StPO untersagt sind. Darunter fallen z. B. konkrete Vereinbarungen über den Schuldspruch, über die genaue Strafhöhe (Punktstrafe), über die Anordnung von Maßregeln der Besserung und Sicherung sowie von Zusagen, auf Rechtsmittel verzichten zu wollen. Die Angaben zur Häufigkeit, mit denen diese verbotenen Inhalte vereinbart wurden, liegen teilweise bei über 30 %. Insgesamt berichteten 68,6 % der 6034 dazu befragten Schöffen von konkreten Vereinbarungen über mindestens einen illegalen Absspracheinhalt. Trotz dieser als gesetzeswidrig zu charakterisierenden gerichtlichen Praxis zweifelten die Schöffen nur selten an der Zulässigkeit der Absprachen, an denen sie zumindest auf dem Papier beteiligt waren. Paradoxerweise fühlten sie sich außerdem eher gut darüber informiert, was bei Verständigungen erlaubt ist und was nicht. Gemeinsam mit der offensichtlich begrenzten Art und Weise, wie Schöffen Absprachen mitgestalten können, bestätigen diese Befunde das kritische Bild der derzeitigen Absprachepraxis, wie es bereits in der von *Altenhain*, *Jahn* und *Kinzig* durchgeführten Untersuchung aus dem Jahr 2020 gezeichnet wurde.

Die Auswertung der Freitextantworten, welche die Schöffen zu der von ihnen erlebten und mitgestalteten Praxis der Absprachen formulierten, offenbarte ein breites Meinungsspektrum. So ließ sich aus manchen Äußerungen ein großes Verständnis für die Notwendigkeit und Nützlichkeit von Absprachen in der gerichtlichen Praxis herauslesen. Demgegenüber meldeten sich auch zahlreiche Befragte zu Wort, die sich von der Möglichkeit zur Vornahme von Absprachen generell befremdet zeigten, den daraus folgenden Funktionsverlust der Hauptverhandlung bemängelten oder eine stärkere Beteiligung der Laienrichter anmahnten.

4. Die (fehlende) Beteiligung der Schöffen bei Absprachen im Strafprozess

Betrachtet man die gesammelten Erkenntnisse über die Rolle der Schöffen bei Absprachen, so fällt auf, dass die ermittelten Befunde nicht immer zum Selbstverständnis der Schöffen passen. Die Laienrichter selbst bewerten, wie oben zusammengefasst, die Praxis der Absprachen größtenteils positiv: Sie zweifeln selten an deren Zulässigkeit und fühlen sich über die geltenden Regelungen gut informiert. Im Widerspruch dazu stehen Befunde, dass durchaus viele der von den Schöffen berichteten Vorgänge als verbotene informelle Absprachen einzustufen sind – etwa, weil sie ohne ihre Anwesenheit vorgenommen oder weil Vereinbarungen getroffen wurden, die im Rahmen von Verständigungen gesetzlich untersagt sind. Die Schöffen erkennen also offenkundig die meisten informellen Absprachen nicht als solche. Dennoch sind sich die meisten Schöffen ihrer eigenen Unkenntnis der bestehenden Regelungen nicht hinreichend bewusst. So fühlt sich nur rund ein Drittel (eher) nicht gut darüber informiert, was bei einer Absprache erlaubt ist und was nicht. Daraus lässt sich ableiten, dass Schöffen nur ungenügend über die Regelungen und die Grenzen erlaubter Verständigungen im Bilde sind. Darüber hinaus nehmen sie – nach eigenen Angaben – nur selten Einfluss auf Absprachen und deren Inhalt.

Dieser Befund ist deswegen brisant, da den Absprachen eine große Bedeutung in der Praxis des heutigen Strafprozesses zukommt, wie sowohl die vorliegende als auch die vorangehende Studie von *Altenhain*, *Jahn* und *Kinzig* zeigen. Die Schöffen scheinen auf diesen substanziellen Bestandteil der aktuellen Realität von Strafverfahren nicht hinreichend vorbereitet zu sein. Wenn Schöffen von vorbereitenden Erörterungen von Absprachen regelmäßig ausgeschlossen werden und sich u. a. deswegen an diesen nicht beteiligt fühlen, bei einer Teilnahme zudem „de facto“ kaum einen Einfluss auf den Inhalt und den Ausgang nehmen (können), fungieren Schöffen bei Absprachen in Strafverfahren nur in der Rolle von Statisten. Durch eine unzureichende Information über die gesetzlichen Regelungen der Verständigung sind Schöffen überdies nicht in der Lage, die kontrollierende Funktion einzunehmen, die ihnen nicht nur aus historischen Gründen für die Strafrechtspflege zugeschrieben wird.[205] Davon ausgehend spricht viel dafür, dass sich die von *Rönnau* geäußerten Befürchtungen, Absprachen könnten zu einem „Funktionsverlust des Schöffenamtes“[206] und einer „überaus misslichen Situation“ für die Schöffen führen,[207] bewahrheitet haben.

Um die apostrophierte missliche Lage der Schöffen im Fall einer Absprache im Strafverfahren zu verbessern, ist eine stärkere Einbindung der Schöffen in die Praxis der Verständigung essenziell. Diese könnte beinhalten, die Schöffen früher zu den jeweiligen Verfahren zu berufen und sie

205 *Rönnau*, 2016, S. 304; zum Für und Wider einer Beteiligung von Laienrichtern in Strafverfahren vgl. etwa *Dölling*, FS Böttcher, 2007, S. 41 ff.; vgl. auch die Zusammenstellung verschiedener Argumente bei *Kühne* in: Löwe/Rosenberg StPO 26. Aufl. 2006, Einl. Abschn. J Rn. 29 ff.

206 *Rönnau*, 2018, S. 374.

207 *Rönnau*, 2018, S. 377.

adäquat zumindest bereits an allfälligen, in § 212 StPO vorgesehenen Vorgesprächen nach Eröffnung des Hauptverfahrens zu beteiligen. Demgegenüber steht die derzeitige Interpretation der genannten Vorschrift dergestalt, dass das „Gericht" in dieser Phase des Verfahrens (und in denen zuvor; vgl. §§ 160b, 202a StPO) nur die Berufsrichter umfassen soll.[208] Die derzeitige „Hybrid-Lösung" beteiligt die Laienrichter jedenfalls nur unzureichend.

Eine Minimalforderung liegt darin, die Schöffen zumindest frühzeitig und ausführlich über das Ergebnis etwaiger Vorgespräche zu informieren. Anderenfalls besteht die Gefahr, dass die Beteiligung der Schöffen, welche die §§ 257b, c StPO für eine Verständigung in der Hauptverhandlung vorsehen,[209] zu einer Farce verkommt. Dass diese Vorgehensweise mit einem zusätzlichen Arbeits- und Organisationsaufwand für alle Verfahrensbeteiligten einhergeht, ist den Vorgaben des Gesetzes und einer ernst zu nehmenden Laienbeteiligung geschuldet und daher zu akzeptieren.

Damit einhergehend sollte den Schöffen eine bessere Informationsgrundlage für ihre Beteiligung an den jeweiligen Verfahren und zur Vorbereitung einer etwaigen Verständigung zur Verfügung gestellt werden, etwa über eine niedrigschwellige Option der Akteneinsicht und/oder einen zusammenfassenden Bericht über den Stand des Verfahrens im Vorfeld der Hauptverhandlung. Erst damit würde ihnen die strafprozessual angelegte eigene Meinungsbildung ermöglicht und eine echte Entscheidungsgrundlage für den Abschluss und den Inhalt einer Verständigung an die Hand gegeben werden.[210]

Zudem sollte man die Schöffen generell besser über die geltenden Regelungen zur Verständigung informieren, sodass sie sich bewusst werden, dass außerhalb der Hauptverhandlung ohne ihre Beteiligung keine bindende Verständigung getroffen werden kann und sie selbst an dem Abschluss einer solchen Vereinbarung unmittelbar mitzuwirken haben. Dazu müssten ein entsprechendes Schulungsangebot eingerichtet und die Berufsrichter vor Ort zur Vermittlung dieser elementaren Grundsätze in die Pflicht genommen werden.

---

208 So schon im Entwurf eines Gesetzes zur Regelung der Verständigung im Strafverfahren, BT-Drucks. 16/12310, S. 12 angelegt; vgl. aus der Kommentarliteratur nur *Stuckenberg* in: Löwe/Rosenberg StPO 26. Aufl. 2014, Nachtr. § 202a Rn. 2 sowie *Jäger* in: Löwe/Rosenberg StPO 26. Aufl. 2014, Nachtr. § 212 Rn. 7.

209 Vgl. wiederum den Entwurf eines Gesetzes zur Regelung der Verständigung im Strafverfahren, BT-Drucks. 16/12310, S. 13 sowie *Stuckenberg* in: Löwe/Rosenberg StPO 26. Aufl. 2013, § 257c Rn. 45.

210 Ähnlich auch der Vorschlag von *Rönnau*, 2018, S. 377 ff.

Zuletzt ist an eine Gesetzesänderung zu denken. Dass eine erforderliche intensivere Einbindung der Schöffen in Verständigungen in gewisser Weise deren Zweck, eine Entlastung des Justizpersonals zu erreichen, zuwiderliefe, muss dabei hingenommen werden. Nicht zu verkennen ist in diesem Zusammenhang, dass die gesetzlichen Regelungen über die Verständigung bereits jetzt als zu komplex und damit praxisuntauglich kritisiert werden.[211] Vor diesem Hintergrund müsste eine Regelung über eine bessere Beteiligung der Schöffen an Verständigungen in eine Gesamtreform der geltenden Vorschriften eingebunden werden.

Den „status quo" beizubehalten, erscheint trotz der geschilderten Herausforderungen nicht als taugliche Alternative: Denn in der aktuellen Form sind die Laienrichter bei Verständigungen häufig nur unbeteiligte Zuschauer und sich ihrer Möglichkeit zu einer aktiven Mitgestaltung des Verfahrensausgangs nicht bewusst. Selbst wenn Schöffen auch sonst häufig nicht auf das Ergebnis eines Strafprozesses Einfluss nehmen (sollten), muss ihnen diese Option eingeräumt und bewusst gemacht werden. Sonst bleiben sie, was sie derzeit bei Absprachen sind: weitgehend funktionslose Statisten.

---

211 *Altenhain/Jahn/Kinzig*, 2020, S. 532.

FSC
www.fsc.org
MIX
Papier | Fördert gute Waldnutzung
FSC® C083411

Kolibri 360 GmbH
Ferdinand-Jühlke-Straße 7
99095 Erfurt, Deutschland
produktsicherheit@kolibri360.de